重庆上市公司 2023 发展报告

重庆市社会科学规划重点项目

陈银华 主编

西部金融研究院　江北嘴财经智库 出品

中国财富出版社有限公司

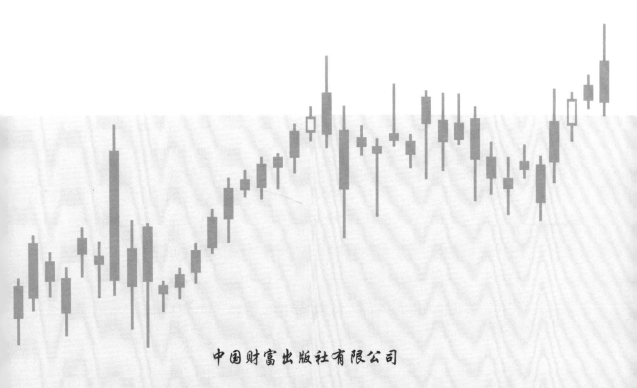

图书在版编目（CIP）数据

重庆上市公司发展报告 . 2023 / 陈银华主编 . —北京 ： 中国财富出版社有限公司，2023.11

ISBN 978-7-5047-8019-5

Ⅰ．①重… Ⅱ．①陈… Ⅲ．①上市公司－研究报告－重庆－2023 Ⅳ.
① F279.246

中国国家版本馆 CIP 数据核字（2023）第 221986 号

策划编辑	杜 亮	**责任编辑**	张红燕 张思怡	**版权编辑**	李 洋
责任印制	梁 凡	**责任校对**	卓闪闪	**责任发行**	董 倩

出版发行	中国财富出版社有限公司		
社 址	北京市丰台区南四环西路 188 号 5 区 20 楼	**邮政编码**	100070
电 话	010-52227588 转 2098（发行部）	010-52227588 转 321（总编室）	
	010-52227566（24 小时读者服务）	010-52227588 转 305（质检部）	
网 址	http://www.cfpress.com.cn	**排 版**	重庆思特华傲数字传媒有限公司
经 销	新华书店	**印 刷**	重庆思特华傲彩色印刷有限公司
书 号	ISBN 978-7-5047-8019-5/F · 3605		
开 本	787mm×1092mm 1/16	**版 次**	2023 年 12 月第 1 版
印 张	13.5	**印 次**	2023 年 12 月第 1 次印刷
字 数	244 千字	**定 价**	198.00 元

《重庆上市公司发展报告（2023）》

第一章
资本市场发展概况

2022 年，全球地缘政治风险增加，持续高通胀，发达经济体相继实施紧缩政策持续影响金融市场，资本市场大幅波动。面对复杂多变的市场环境，我国资本市场实现了量的增长和质的提升，沿着中国特色现代资本市场之路坚定前行。

第二章
重庆境内上市公司发展情况

截至 2022 年年末，重庆共有境内上市公司 70 家。从整体来看，重庆新增上市公司数量创历史新高，结构进一步优化，规模进一步扩大，成长性进一步凸显，创新能力进一步提升，经营能力进一步增强，投资者重视回报程度进一步加强，为经济社会发展做出了重要贡献。

第三章
重庆境外上市公司发展情况

境外上市有利于企业引进国际化治理理念和先进发展模式，进一步提升公司治理水平和经营效率，提高国际知名度和影响力。截至 2022 年年末，重庆共有 23 家境外上市公司。境外上市渝企通过加强公司治理，提升经营能力和盈利水平，推动企业高质量发展。

第四章
专题报告

本章分析全面注册制实施对企业上市影响、全面注册制下各板块 IPO 要点、2022 年退市企业、上市公司典型违规案例、重庆境内民营上市公司发展情况，发挥"数据库""路径图""工具书"的作用，对推动企业上市和上市公司高质量发展具有重要价值。

第五章
对策建议

推动企业上市和上市公司高质量发展是一项系统工程，需要协调各方力量，凝聚多方智慧，久久为功。本章根据前述总结分析情况，提出推动企业上市及上市公司高质量发展的十条（"5+5"）对策建议，供有关方面参阅。

附录
有关参阅资料

附录部分收录整理了国家层面、部委层面、市级层面、市级部门层面关于资本市场的政策文件的有关内容；还收录整理了"2022 年重庆境内上市公司发展情况一览表""2022 年全国 IPO 中介机构 TOP20 服务情况一览表"，为党政部门、有关单位、研究机构、相关人士提供决策与工作参考。

吴晓求

中国人民大学原副校长

中国资本市场研究院院长

国家金融研究院院长

西部金融研究院学术委员会主任

序

　　资本市场是社会资本形成的"加速器"和要素市场化配置的"牵引器"，在促进经济高质量发展中发挥着独特而关键的作用。2022年，中国资本市场在经济发展与深化改革的双重助力下，迎来了新的里程碑。A股上市公司数量突破5000家，成为全球最大新股发行市场，中国特色的估值理论体系的研究不断丰富，上市公司日益成为国家和居民财富的重要创造者，以及稳定宏观经济大盘和社会预期的重要力量。

　　当前，中国资本市场股票发行注册制改革全面落地。在此背景下，分析资本市场和上市公司发展情况，共同探讨如何走好中国特色现代资本市场发展之路，如何更好助力中国式现代化，时机关键、意义重大。作为成渝地区双城经济圈、西部陆海新通道、西部金融中心建设等国家战略叠加之地的重庆，其资本市场发展充满活力，特别是在地方党委、政府的高度重视下，重庆上市公司发展不断迈上新台阶。

　　《重庆上市公司发展报告》是重庆首部上市公司专题报告。连续两年编撰发布，吸引了来自政府部门、上市及拟上市公司、中介服务机构、资本市场研究者等众多方面的关注，赢得了良好的口碑。《重庆上市公司发展报告（2023）》可以称作3.0版本，在我看来，内容框架、指标选择、分析方法、设计装帧等得到迭代升级，特别是通过"一加一减"进一步体现了其"数据库""路径图""工具书"的内涵。

　　一是做"加法"。相较于往年，增加专题报告的数量及附录内容，进行更具针对性、实用性的分析研究；同时，运用交叉分析法，深度分析重庆上市公司发展的特点和原因，对相关单位、投资者及研究者更具参考价值。

　　二是做"减法"。今年的报告在章节数量、指标选择、图表总量等方面更加简洁，呈现方式也更加直观，让读者阅读效率更高。

　　希望这本接"2"连"3"的报告，带给你新的收获！

吴晓求

2023.6.20

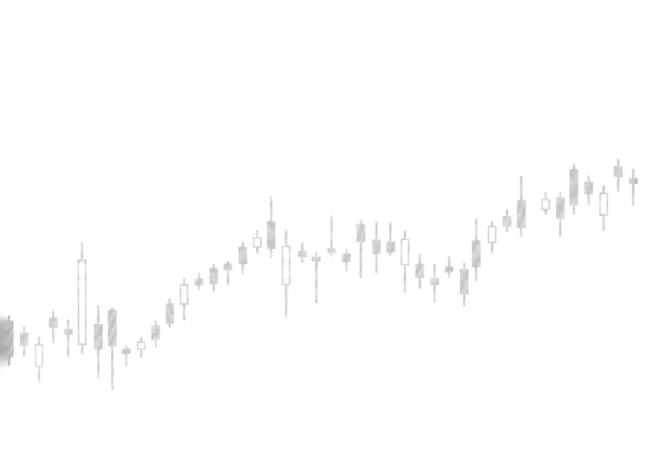

目 录

第四章　专题报告

01

第一章
资本市场发展概况

2022 年，全球地缘政治风险增加，持续高通胀，发达经济体相继实施紧缩政策持续影响金融市场，资本市场大幅波动。面对复杂多变的市场环境，我国资本市场实现了量的增长和质的提升，沿着中国特色现代资本市场之路坚定前行。

一 全球资本市场

（一）全球资本市场大幅波动，中国资本市场韧性足

2022 年，在百年未有之大变局背景下，全球地缘政治风险增加，持续高通胀、发达经济体相继实施紧缩政策持续影响金融市场，发达经济体国债利率均明显上行，尤其是在美元史无前例的超常规加息背景下，全球风险资产全面下跌，新兴经济体通胀高企、资本外流、债务危机和货币贬值的压力进一步凸显。全球资本市场大幅波动，股市整体表现不佳，主要股指集体录得下跌，标普 500 指数创下自 2008 年以来最大的年度跌幅。分季度看：第一季度，在高通胀作用下，全球股市逐级走低，特别是俄乌冲突叠加疫情影响，三重利空同频共振，全球股市遭遇严重"倒春寒"；第二季度，欧美高通胀屡创历史新高，美元超常规加息再次冲击全球股市尤其是欧美股市，海外股市全面下滑；第三季度，全球主要经济体股市再次上演"交替下跌"，中国股市也进入"下跌"序列；第四季度，随着美元加息进入后半程，股市对于美元加息呈现边际递减反应，甚至出现交易预期反转，上演探底反弹的行情。同时，由于各央行加息推高了收益率、加剧了波动性，全球债券市场表现不容乐观，发达经济体国债利率也有不同程度的回调。以美元计算，彭博全球固定收益基准指数（Bloomberg Global Aggregate）下跌幅度与摩根士丹利资本国际世界指数（MSCI World Index）跌幅类似（约 16.00%），创下该指数自 1990 年以来的最大跌幅。

从资本市场的功能发挥来看，毕马威数据显示，2022 年全球主要交易所的 IPO 活动有所减少，年内交易宗数和集资总额分别回落约 50.00% 和 60.00%，其中美国两个主要证券交易所的新股集资额共下降超过 90.00%。值得注意的是，全球 IPO 数量和筹资额前 2 位为上海证券交易所和深圳证券交易所，中国境内交易所上市、香港 IPO 数量和筹资额分别占全球的 37.00% 和 56.00%；在全球资本市场大幅波动的情况下，北向资金继续流入 A 股，净买入超 900 亿元。同时，注册制改革扎实推进，市场基础制度持续完善，资本市场支持科技创新能力不断提升，制度型双向开放稳步推动。面临复杂的国内外形势，围绕建设中

国特色现代资本市场，中国资本市场坚持"稳字当头、稳中求进"，进行了一系列改革和创新，服务高质量发展的能力不断提高，发展韧性十足。

（二）全球股市震荡，A 股打响 3000 点"保卫战"

2022 年，在俄乌冲突持续、央行普遍加息应对高通胀的影响下，全球主要股指表现欠佳。具体来看，美洲地区主要股市中，美股三大股指全线收跌：道琼斯工业平均指数年度收跌 8.78%，较年初历史高点跌超 10.00%；纳斯达克指数下跌 33.10%，较上年高点跌约 35.40%；标普 500 指数下跌 19.44%，较年初高点跌超 20.00%。阿根廷 MERV 指数全年暴涨逾 140.00%，达 142.01%；巴西 IBOVESPA 指数全年上涨 4.69%；墨西哥 MXX 指数全年下跌 9.03%。

欧股主要指数 2022 年亦多数下跌，仅英国富时 100 指数小幅上涨不到 1.00%，为 0.91%；法国 CAC40 指数累计下跌 9.50%，德国 DAX30 指数累计下跌 12.35%，西班牙 IBEX35 指数累计下跌 5.56%，意大利富时 MIB 指数累计下跌 13.31%。此外，俄罗斯 RTS 指数 2022 年累计下跌 41.29%。

亚太主要股市中，韩国综合指数累计大跌 24.89%，为 2008 年以来最大年度跌幅；日本日经 225 指数全年累计下跌 9.37%；印度 SENSEX30 指数累计上涨 4.44%，澳大利亚标普 200 指数累计下跌 5.20%。中国香港股市作为全球主要股市之一，已连续三年下挫，恒生指数 2020 年、2021 年分别下跌了 3.40%、14.08%；2022 年一度跌破 15000 点，创十余年新低，全年跌幅 15.46%。

A 股方面，截至 2022 年 12 月 30 日收盘，上证综指涨 0.51%，报 3089.26 点；深证成指涨 0.18%，报 11015.99 点；创业板指跌 0.11%，报 2346.77 点。至此，2022 年上证综指全年下跌 15.13%，深证成指全年下跌 25.85%，创业板指全年下跌 29.37%（见图 1-1）。

此外，明星科技股更是遭到前所未有的重创。特斯拉领跌，年度跌幅达 65.03%，创下该公司自 2010 年上市以来最差年度表现。Meta 全年下跌 64.22%，跌幅仅次于特斯拉。此外，亚马逊、英伟达下跌约 50.00%，谷歌、台积电下跌近 40.00%，苹果、微软下跌超 20.00%。

图 1-1 2022 年全球主要股指变化情况

二 中国资本市场

　　党的二十大报告指出，要健全资本市场功能，提高直接融资比重。中央经济工作会议明确，要着力发展实体经济，依靠创新培育壮大发展新动能。资本市场是社会资本形成的"加速器"，也是要素市场化配置的"牵引器"，是推动企业发展和产业集聚的重要力量，在促进经济高质量发展中发挥着独特且关键的作用。

2022 年，中国资本市场在经济发展与深化改革的双重助力下，迎来了"而立之年"后的新里程碑。从首批"老八股"上市到股权分置改革再到注册制改革，经过 30 多年的发展，中国资本市场不仅实现了量的增长，更完成了质的跨越。A 股上市公司数量突破 5000 家，结构性行情风生水起，中国特色估值体系备受关注。从新股发行看，A 股市场首次公开发行（IPO）融资额再创新高，成为全球新股发行最大市场，有力地支持了实体经济发展。科创板与创业板注册制有序运转，市场作用不断彰显，资本市场服务科技创新能力不断提升。证监会制定《推动提高上市公司质量三年行动方案（2022—2025）》，从优化制度规则体系、公司治理、完善信息披露制度等 8 个方面引导督促上市公司形成一套符合中国国情、适应上市公司实际、行之有效的公司治理约束机制，推动上市公司整体治理水平持续提升。

（一）政策支持：多项举措稳定资本市场发展

1. 中央层面

2022 年 4 月 20 日，第十三届全国人民代表大会常务委员会第三十四次会议通过《中华人民共和国期货和衍生品法》，规范期货和衍生品交易相关方行为，创新规定了期货交易者制度、期货和衍生品跨境交易与监管协作制度，自 2022 年 8 月 1 日起施行。

4 月 29 日，中共中央政治局会议明确，要稳步推进股票发行注册制改革，积极引入长期投资者，保持资本市场平稳运行。

5 月 24 日，《国务院关于印发扎实稳住经济一揽子政策措施的通知》提出，要提高资本市场融资效率。科学合理把握首次公开发行股票并上市（IPO）和再融资常态化。支持内地企业在香港上市，依法依规推进符合条件的平台企业赴境外上市。继续支持和鼓励金融机构发行金融债券，建立"三农"、小微企业、绿色、双创金融债券绿色通道，为重点领域企业提供融资支持。督促指导银行间债券市场和交易所债券市场各基础设施全面梳理收费项目，对民营企业债券融资交易费用能免尽免，进一步释放支持民营企业的信号。

7 月 28 日，《国务院关于发展房地产业若干问题的通知》提出，要稳定房地产市场，要明确把银行贷款规模、发行债券额度等列入信贷计划、证券计划和投资计划，实行总量控制。

2. 部委层面

2022 年 3 月 28 日，证监会提出，要进一步拓宽民营企业债券融资渠道，推出科技创新公司债券，优先重点支持高新技术和战略性新兴产业领域民营企业发债募集资金；进一步优化融资服务机制，提高融资效率；发挥市场化增信作用；便利回购融资机制，适当放宽受信用保护的民营企业债券回购质押库准入门槛；鼓励证券基金机构加大民营企业的业务投入；提升信息披露质量，增强服务民营经济发展质效。

4 月 11 日，《证监会 国资委 全国工商联发布关于进一步支持上市公司健康发展的通知》，明确要增进价值回归，稳定投资者预期；进一步支持上市公司发展，维护资本市场稳定。

4 月 15 日，证监会发布《上市公司投资者关系管理工作指引》，规范上市公司投资者关系管理，加强上市公司与投资者之间的有效沟通，促进上市公司完善治理，提高上市公司质量，切实保护投资者特别是中小投资者合法权益。

4 月 29 日，证监会《关于完善上市公司退市后监管工作的指导意见》正式发布实施。一是强化退市程序衔接，畅通交易所退出机制，完善主办券商承接安排，简化确权登记程序，优化退市板块挂牌流程，推动退市公司平稳顺畅进入退市板块；二是优化退市公司持续监管制度，从退市公司实际情况出发，合理设定信息披露和公司治理要求，建立差异化的监管机制，提升监管精准性、适应性；三是健全风险防范机制，加强投资者适当性管理，引导不具备持续经营能力的企业通过市场化途径退出市场，促进风险收敛和逐步出清；四是完善退市公司监管体制，构建职责清晰、协同高效的监管机制，强化各方分工协作和统筹协调，形成有效的监管合力。

5 月 13 日，证监会发布《证券公司科创板股票做市交易业务试点规定》，主要包括做市商准入条件与程序、内部管控、风险监测监控、监管执法等方面的内容。

5 月 27 日，国资委发布《提高央企控股上市公司质量工作方案》，涵盖推进上市、公司治理、日常运营、资本运作、科技创新、人才培养、风险防控、市场表现等上市公司改革发展的关键环节，提出在 3 年内分类施策、精准发力，推动上市公司内强质地、外塑形象，打造一批核心竞争力强、市场影响力大的旗舰型龙头上市公司，培育一批专业优势明显、质量品牌突出的专业化领航上市公司。

11 月 28 日，证监会提出在股权融资方面调整优化 5 项措施，包括恢复涉房上市公司并购重组及配套融资，恢复上市房企和涉房上市公司再融资，调整完善房地产企业境外市场上市政策，发挥不动产投资信托基金（REITs）盘活房企存量资产作用，积极发挥私募股权投资基金作用。同时，促进房地产市场盘活存量、防范风险、转型发展，更好服务稳定宏观经济大盘。

12 月 30 日，证监会就《股票期权交易管理办法（征求意见稿）》公开征求意见：完善期货公司业务范围，新增做市业务和经证监会核准的其他业务；禁止编造、传播有关股票期权交易的虚假信息或者误导性信息扰乱市场秩序；补充完善证券交易所风险管理制度要求，新增调整交易限额标准、强行平仓两项紧急措施。

同日，证监会公布《关于修改〈科创属性评价指引（试行）〉的决定》，将第一条支持和鼓励科创板定位规定的相关行业企业上市的部分指标调整为：最近三年研发投入占营业收入比例 5% 以上，或最近三年研发投入金额累计在 6000 万元以上；研发人员占当年员工总数的比例不低于 10%；应用于公司主营业务的发明专利 5 项以上；最近三年营业收入复合增长率达到 20%，或最近一年营业收入金额达到 3 亿元。将第二条第一款第五项修改为：形成核心技术和应用于主营业务的发明专利（含国防专利）合计 50 项以上。

（二）股票市场：数量突破 5000 家，IPO 融资规模再创新高

1.A 股上市公司数量突破 5000 家

2022 年，我国 A 股上市公司数量突破 5000 家，达 5067 家，总市值 78.87 万亿元。其中战略性新兴产业超过 2500 家，占比超五成。注册制下，资本市场日益成为硬科技、"三创四新"[①]、专精特新"小巨人"的聚集地。

分板块看，上交所 2169 家（主板 1668 家、科创板 501 家），深交所 2736 家（主板 1504 家、创业板 1232 家），北交所 162 家。上交所主板总市值 40.47 万亿元，平均市盈

---

① 指企业符合"创新、创造、创意"的大趋势，传统产业与"新技术、新产业、新业态、新模式"深度融合。

率 11.67 倍；科创板总市值 5.82 万亿元，平均市盈率 44.24 倍。深交所主板总市值 21.10 万亿元，平均市盈率 19.51 倍；创业板总市值 11.27 万亿元，平均市盈率 37.49 倍。北交所总市值 0.21 万亿元，平均市盈率 18.87 倍（见表 1-1）。上交所主板，深交所主板、创业板，北交所总市值较上年同期均有所降低，但科创板表现良好，同比增长 3.37%。

表 1-1　2022 年 A 股上市公司发展情况

所在板块	上市公司数量（家）	总市值（万亿元）	平均市盈率（倍）
上交所主板	1668	40.47	11.67
深交所主板	1504	21.10	19.51
科创板	501	5.82	44.24
创业板	1232	11.27	37.49
北交所	162	0.21	18.87

分行业看，计算机、通信和其他电子设备制造业上市公司数量最多，为 565 家；专用设备制造业位居第 2，为 363 家；软件和信息技术服务业 336 家、化学原料和化学制品制造业 332 家、电气机械和器材制造业 321 家，排在第 3 位至第 5 位；数量超过百家的行业有 12 个，共 3035 家，占比 59.90%；制造业有 3350 家，占比 66.11%。

分地域看，广东、浙江、江苏为上市公司数量较多的 3 个省，分别为 834 家、656 家、636 家；北京 461 家、上海 418 家，排在第 4 位和第 5 位。

从成交情况来看，我国境内上市公司总成交量 18.53 万亿股，成交额 224.01 万亿元。按板块划分，上交所主板成交量 7.76 万亿股，成交额 84.00 万亿元；科创板 0.26 万亿股，11.89 万亿元；深交所主板 7.86 万亿股，82.97 万亿元；创业板 2.63 万亿股，44.95 万亿元；

北交所 0.02 万亿股，0.20 万亿元。北交所股票交易市场交易活跃度上升，其成交量和上年相比增长 65.38%，成交额较上年增长 23.00%（见图 1-2）。

7.76 万亿股	7.86 万亿股	0.26 万亿股	2.63 万亿股	0.02 万亿股
84.00 万亿元	82.97 万亿元	11.89 万亿元	44.95 万亿元	0.20 万亿元
上交所主板	深交所主板	科创板	创业板	北交所

图 1-2　2022 年我国境内上市公司成交情况

按季度划分，A 股市场第一季度成交量 4.71 万亿股，成交额 58.43 万亿元；第二季度 4.91 万亿股，55.77 万亿元；第三季度 4.75 万亿股，59.50 万亿元；第四季度 4.16 万亿股，50.31 万亿元。截至 2022 年 12 月 30 日收盘，全年共计 79 个交易日成交额超过万亿元，约占全年 242 个交易日的 32.64%，比上年减少近 29 个百分点。

2.A 股 IPO 融资规模再创新高

2022 年，我国共有 428 家公司完成 IPO，首发募集资金总额 5868.86 亿元。[①]虽然 IPO 数量较上年有所减少，但募集资金数额增长 8.15%。从全球看，2022 年 A 股市场 IPO 融资规模位居榜首，是全球新股发行最大的市场。

分板块来看，上交所主板上市 31 家，募集资金 1068.46 亿元，同比分别下降 64.77%、34.26%；科创板上市 124 家，同比下降 23.46%，募集资金 2520.44 亿元，同比增长 24.22%；深交所主板上市 40 家，募集资金 318.81 亿元，同比分别增长 17.65%、43.56%；创业板上市 150 家，同比下降 24.62%，募集资金 1796.36 亿元，同比增长 21.78%；北交所 83 家，募集资金 164.77 亿元，同比分别增长 102.44%、119.46%（见图 1-3）。整体来看，注册制下的上市公司达 357 家，占 IPO 总量的 83.41%；共募集资金 4481.57 亿元，占融资总额的 76.36%。其中，科创板和创业板成为 IPO 增长主力，合计占比 64.02%；募集资金合计 4316.80 亿元，占比 73.55%。这体现了资本市场对科创企业的重视程度。

---

① 由于保留 2 位小数，四舍五入导致各板块募资金额之和与 428 家 IPO 首发募集资金总额存在差异。

图 1-3　2022 年 A 股 IPO 各板块数量及募资情况

分区域来看，东部地区^①9 省（直辖市）有 IPO 公司 324 家，募集资金 4663.65 亿元，占比分别为 79.46%、75.70%；中部地区^②6 省有 IPO 公司 51 家，募集资金 636.86 亿元，占比分别为 10.85%、11.92%；西部地区^③10 省（自治区、直辖市）有 IPO 公司 43 家，募集资金 415.22 亿元，占比分别为 7.07%、10.05%；东北地区^④3 省有 IPO 公司 10 家，募集资金 153.16 亿元，占比分别为 2.61%、2.34%。

分省（自治区、直辖市）来看，广东、江苏、浙江继续保持发展势头，IPO 数量排名前 3，分别为 78 家、70 家、55 家，合计占比将近一半，为 47.43%；募集资金共计 2148.27 亿元，占比 36.60%。数量在 10~50（不含）家的有 8 个省市，共 162 家，占比 37.85%；募集资金 2766.74 亿元，占比 47.14%。数量少于 10 家的省（自治区、直辖市）有 17 个，共 63 家，占比 14.72%；募集资金 953.88 亿元，占比 16.25%。北京募集资金最多，为 1434.38 亿元；广东 851.43 亿元、江苏 795.52 亿元，排在第 2 位、第 3 位（见表 1-2）。

---

① 东部地区：北京、天津、河北、上海、江苏、浙江、福建、山东、广东和海南 10 省（直辖市），以及香港特别行政区、澳门特别行政区、台湾省。

② 中部地区：山西、安徽、江西、河南、湖北和湖南 6 省。

③ 西部地区：内蒙古、广西、重庆、四川、贵州、云南、西藏、陕西、甘肃、青海、宁夏和新疆 12 省（自治区、直辖市）。

④ 东北地区：辽宁、吉林和黑龙江 3 省。

表 1-2 2022 年全国 IPO 所在省（自治区、直辖市）分布及发展情况

省（自治区、直辖市）	IPO 数量（家）	募资额（亿元）	平均募资额（亿元）	2022 年 12 月 31 日平均市值（亿元）
广东	78	851.43	10.92	58.85
江苏	70	795.52	11.36	62.16
浙江	55	501.32	9.11	54.05
北京	43	1434.38	33.36	635.79
上海	36	521.99	14.50	100.64
山东	21	193.37	9.21	61.59
四川	15	137.12	9.14	58 .00
安徽	14	117.31	8.38	32.42
湖北	12	179.37	14.95	50.32
河南	11	84.29	7.66	41.88
陕西	10	98.91	9.89	68.92
福建	9	119.79	13.31	94.06
辽宁	7	123.24	17.61	108.00
江西	7	208.53	29.79	272.88
天津	7	204.03	29.15	205.86
湖南	6	45.86	7.64	34.84

续表

省（自治区、直辖市）	IPO 数量（家）	募资额（亿元）	平均募资额（亿元）	2022 年 12 月 31 日平均市值（亿元）
重庆	6	41.56	6.93	32.03
河北	5	41.82	8.36	46.37
新疆	4	44.55	11.14	123.05
云南	2	10.07	5.04	29.25
黑龙江	2	25.36	12.68	36.32
甘肃	2	30.92	15.46	165.90
贵州	1	33.50	33.50	237.76
山西	1	1.50	1.50	4.57
广西	1	7.98	7.98	25.94
吉林	1	4.56	4.56	23.33
内蒙古	1	5.38	5.38	136.38
西藏	1	5.23	5.23	27.89

　　分行业来看，计算机、通信和其他电子设备制造业 IPO 数量、募集资金最多，为 88 家、1397.34 亿元；专用设备制造业与软件和信息技术服务业的 IPO 数量相同，均为 45 家，募集资金分别为 578.56 亿元、566.66 亿元，排在第 2 位、第 3 位。

3.IPO 审核过会率略降，退市数量创新高

2022 年，有 603 家公司进入 IPO 审议会议环节，其中主板 119 家、科创板 130 家、创业板 230 家、北交所 124 家（见表 1-3）。有 526 家公司成功通过，整体过会率为 87.23%，较上年（88.07%）略低，其中科创和创业板过会率较高，为 93.85%、90.43%。整体来看，较上年上会数量（503 家）、过会数量（433 家）均有所提升。

表 1-3　2022 年 IPO 首发审核情况

IPO 审核情况	整体	主板	科创板	创业板	北交所
上会（家）	603	119	130	230	124
通过（家）	526	87	122	208	109
暂缓表决（家）	24	5	7	0	12
取消审核（家）	26	18	1	6	1
未通过（家）	27	9	0	16	2
过会率（%）	87.23	73.11	93.85	90.43	87.90

从市场表现来看，A 股 428 只新股中，破发 122 只，占比 28.50%。截至 2022 年年末，仍有 220 只股票跌破发行价，占比达 51.40%。

随着退市新规的实施，2022 年 A 股上市公司退市数量创历史新高，达 46 家，是 2019—2021 年的总和。其中上交所主板 18 家，深交所主板 17 家，创业板 8 家，北交所 3 家。

证监会主席易会满表示，在退市改革中坚持"应退尽退"，拓宽多元退出渠道，做到既要"退得下"、又要"退得稳"，促进市场优胜劣汰，提高市场整体质量。

（三）债券市场①：存量余额稳步增长，信用债交易规模扩大

1. 债券发行规模下降，存量规模上升

2022 年，我国共发行债券 47485 只，发行额 615344.97 亿元，同比分别减少 6315 只、2183.17 亿元，降幅为 11.74%、0.35%。

存量市场方面，截至 2022 年年末，我国各类存量债券共计 65346 只，债券余额 1413453.03 亿元，同比增长 1.51%、8.45%（见表 1-4）。

表 1-4　2022 年我国债券市场情况

债券类别	2022 年发行债券		2022 年年末存量债券	
	数量（只）	规模（亿元）	数量（只）	规模（亿元）
国债	183	97222.70	263	255888.91
地方政府债	2145	73555.79	9050	348803.38
央行票据	12	600.00	3	150.00
同业存单	25761	204913.80	14502	141064.20
金融债	1798	94490.06	2608	337353.06
企业债	484	3681.30	2802	21197.70
公司债	3640	30904.84	11774	103349.78
中期票据	2654	27994.30	8336	88669.24

① 该部分数据包含短期债券。

债券类别	2022 年发行债券		2022 年年末存量债券	
	数量（只）	规模（亿元）	数量（只）	规模（亿元）
短期融资券	4985	49560.38	2460	21693.84
定向工具	1099	6766.46	3534	22451.82
国际机构债	5	165.00	20	470.00
政府支持机构债	25	2760.00	191	18925
资产支持证券	4510	20117.27	9193	43529.23
可转债	148	2190.13	493	8380.15
可交换债	36	422.94	90	1402.22
项目收益票据	—	—	27	124.50
合计	47485	615344.97	65346	1413453.03

2. 信用债存量余额增大，交易量上涨

从信用债来看，我国共计发行 44234 只，发行金额 385400.01 亿元，分别较上年减少 12.80%、7.85%。分地区来看，东部地区 29311 只，309115.47 亿元；中部地区 6027 只，34743.88 亿元；西部地区 7490 只，36970.22 亿元；东北地区 1406 只，4570.44 亿元。分省（自治区、直辖市、特别行政区）来看，浙江、广东、江苏发行数量位居前 3 位，分别为 5145 只、4701 只、4433 只，和上年排名相同但数量有所减少，同比下降 9.13%、15.11%、12.13%；北京、上海、广东发行金额位居前 3 位，分别为 108845.50 亿元、50404.77 亿元、39089.47 亿元，和上年相比排名相同，北京同比下降 0.12%，上海、广东分别同比上升 10.02%、26.44%（见表 1-5）。

表 1-5　2022 年信用债发行市场规模地区分布情况

地区	省（自治区、直辖市、特别行政区）	发行数量（只）	发行金额（亿元）	年末存量（亿元）
东部地区	北京	4391	108845.50	186716.91
	上海	3015	50404.77	59147.73
	广东	4701	39089.47	59108.57
	浙江	5145	31962.82	41616.10
	江苏	4433	30994.86	46956.08
	福建	1944	19250.04	23314.69
	山东	2275	13756.96	24352.65
	天津	2113	10980.19	11972.27
	河北	1038	3028.45	5096.10
	海南	228	366.37	778.83
	香港	27	416.04	933.95
	澳门	1	20.00	20.00
中部地区	山西	505	2956.62	6031.64
	湖南	1158	6845.52	12051.41
	河南	1236	6674.22	9216.99
	湖北	1112	6505.13	12536.91

地区	省（自治区、直辖市、特别行政区）	发行数量（只）	发行金额（亿元）	年末存量（亿元）
中部地区	安徽	784	6395.37	9910.78
	江西	1232	5367.02	9148.14
西部地区	四川	1927	9557.24	16683.13
	重庆	1314	7829.48	12314.17
	陕西	560	4590.85	8505.91
	贵州	906	3478.52	5721.14
	广西	1095	3428.02	5237.58
	云南	434	2573.48	3453.37
	新疆	371	1829.94	2935.16
	内蒙古	156	1568.80	409.64
	甘肃	322	1057.01	1508.07
	宁夏	293	525.20	432.30
	西藏	31	367.33	650.32
	青海	81	164.35	431.24
东北地区	黑龙江	411	1056.40	1052.65
	吉林	242	967.90	1914.79
	辽宁	753	2546.14	2503.31

从信用债存量情况看，截至 2022 年年末，我国存量信用债券 55736 只，余额为 582662.53 亿元，数量与上年（5.6 万只）基本持平，余额同比增长 3.20%。分省（自治区、直辖市、特别行政区）来看，存量债券数量排名前 3 的城市分别为江苏（6981 只）、北京（6553 只）、浙江（5610 只），广东以 5577 只排在第 4 位；北京、上海、广东位居债券余额前 3 名，共计占全国总余额的 52.34%。

从债券交易情况看，2022 年信用债各券种的交易量较上年均有所增长，尤其可转债的交易量同比增幅明显，达 36.04%；中期票据、公司债和定向工具的交易量同比增幅均在 20.00% 以上。

（四）基金市场：公募数量破万，私募扎根"北上广深杭"

2022 年，资管新规经过三年的过渡期后全面落地，理财产品进入净值化时代。随着公募基金行业不断创新优化，个人养老金制度、ETF 互联互通机制、公募 REITs、同业存单基金等不断推出，我国公募基金行业进入高质量发展阶段。但受经济环境因素影响，2022 年增幅放缓。

中国证券投资基金业协会数据显示，截至 2022 年年末，公募基金数量达 10576 只，份额为 239428.35 亿份，净值 260311.89 亿元，同比分别增长 13.87%、9.92% 和 1.83%，较 2021 年增幅分别减少近 4 个、18 个和 27 个百分点。其中，封闭式基金数量为 1300 只，同比增长 9.70%；份额达 33265.68 亿份，同比增长 14.69%；净值为 35000.29 亿元，同比增长 12.00%。开放式基金数量为 9276 只，同比增长 14.48%；份额为 206162.67 亿份，同比增长 9.18%；净值为 225311.6 亿元，与上年基本持平。

截至 2022 年年末，我国共有货币市场基金 372 只，份额为 103354.25 亿份，净值为 104557.63 亿元，较上年分别增长 11.71%、9.28%、10.44%；债券基金 2095 只，份额为 38209.47 亿份，净值为 42730.86 亿元，同比分别增长 14.67%、7.35%、4.26%；QDII 基金 222 只，份额为 3711.76 亿份，净值为 3267.81 亿元，同比分别增长

11.56%、107.33%、37.07%；股票基金 1992 只，份额为 20131.94 亿份，同比分别增长 14.42%、25.86%，净值 24782.42 亿元，较上年下降 4.01%；混合基金 4595 只，较上年增长 15.68%，份额为 40755.25 亿份，净值为 49972.86 亿元，较上年分别下降 0.28%、17.42%。整体来看，混合基金数量最多、增幅最大，其数量占公募基金市场总量的 43.45%；货币市场基金净值最高，占公募基金市场总净值的 40.17%，QDII 基金在海外通胀等因素影响下净值增长幅度最大。

私募基金发展方面，2022 年，我国私募管理基金总规模突破 20 万亿元。中国证券投资基金业协会报告显示，截至 2022 年年末，存续私募基金管理人 23667 家，其中私募证券投资基金管理人 9023 家，私募股权、创业投资基金管理人 14303 家，私募资产配置类基金管理人 9 家，其他私募投资基金管理人 332 家；管理基金数量 145048 只，管理基金规模 20.03 万亿元，其中存续私募证券投资基金 92604 只，存续规模 5.56 万亿元；私募股权投资基金 31525 只，规模 10.94 万亿元；创业投资基金 19353 只，规模 2.83 万亿元。从管理人来看，主要集中在上海市、北京市、浙江省（除宁波市）和广东省，总计占比 67.38%。

（五）期货市场：4 所成交量位列全球 TOP 25，产品持续创新

2022 年，我国期货市场运行平稳，交易规模保持较大体量，累计成交 67.68 亿手，成交额 534.93 万亿元，同比分别下降 9.93% 和 7.96%。其中，商品期货与期权品种成交量占全球总量的 72.30%。

根据 Futures Industry Association（FIA）统计，郑州商品交易所、大连商品交易所、上海期货交易所和中国金融期货交易所 4 所期货交易所成交量排名位列全球前 25 位；在农产品、金属和能源三类品种的全球成交量排名中，国内期货期权品种在相应品类全球前 20 强中分别占 16 席、14 席和 5 席。各交易所交易情况如表 1-6 所示。

表 1-6　2022 年我国期货市场交易情况

交易所	成交量	同比增幅	占全国比重	成交额	同比增幅	占全国比重	年末持仓量
上海期货交易所	18.23 亿手	−23.09%	26.94%	141.26 万亿元	−26.85%	26.41%	841.55 万手
上海国际能源交易中心	1.20 亿手	59.73%	1.78%	40.04 万亿元	86.51%	7.49%	27.42 万手
郑州商品交易所	23.98 亿手	−7.14%	35.42%	96.85 万亿元	−10.33%	18.10%	1347.02 万手
大连商品交易所	22.75 亿手	−3.77%	33.62%	123.73 万亿元	−11.91%	23.13%	1223.98 万手
中国金融期货交易所	1.52 亿手	24.44%	2.24%	133.04 万亿元	12.58%	24.87%	129.34 万手
广州期货交易所[①]	19.36 万手	—	—	158.40 亿元	—	—	1.52 万手

从期货品种看，衍生品体系更加完善。2022 年，我国期货市场新品种稳步增加，上市期货期权新品种共计 16 个，包括期货品种 2 个、期权品种 14 个。截至 2022 年年末，我国共上市期货期权品种 110 个，其中商品类 93 个（期货 65 个、期权 28 个），金融类 17 个（期货 7 个、期权 10 个）。

期货公司资本实力持续增强。截至 2022 年年末，中国期货公司总资产约 1.7 万亿元，净资产 1841.65 亿元，同比分别增长 23.06% 和 14.07%。

---

① 截至 2022 年年末，广州期货交易所成立时间不足 2 年，其成交量、成交额不具备同时期比较基础，且其成交量、成交额规模较小，在全国市场中占比少，故相应指标未收录。

（六）并购市场：全面注册制下发展放缓，趋向产业整合

根据中国上市公司协会数据，2022 年上市公司共披露并购重组 2972 单，较上年减少 10.88%；累计交易金额 1.74 万亿元，减少 2.21%。其中，许可类（审核通过口径）并购重组审核通过 46 单（主板 36 单、创业板 8 单、科创板 2 单），交易金额合计 3440.36 亿元，数量和金额均有所回升，较上年审核通过数量增加 12.20%，交易金额增加 31.87%；现金类重大资产重组（首次披露口径）共披露 57 单，与上年持平；上市公司收购（完成控制权变更）数量为 152 单，相比上年（169 单）略有下降，但仍处于较高水平。

从上市公司跨境并购情况看，出境并购交易 55 单，同比下降 32.93%；交易规模 44.65 亿美元，同比下降 63.06%；平均交易金额达 0.81 亿美元，同比下降 44.93%。入境投资共计 33 单，同比下降 45.90%；交易规模达 50.93 亿美元，同比下降 63.26%；平均交易金额达 1.54 亿美元，同比下降 32.10%。

三　重庆资本市场

重庆市委经济工作会议强调，坚持高质量发展不动摇，做到有效投资有进、结构优化有进、新动能培育有进、质量效益有进。重庆市政府工作报告指出，利用多层次资本市场直接融资。推动企业上市和上市公司高质量发展，是提高直接融资比重、服务实体经济、培育发展新动能的具体抓手。重庆强化政策的导向作用，以高质量的资本市场服务推动实体经济高质量发展。

（一）利好政策支持重庆资本市场发展

2022 年 1 月 14 日，重庆市人民政府出台《重庆市金融改革发展"十四五"规划（2021—2025 年）》，提出要构建多层次股权市场。包括打造上市服务基地，大力推进股权融资，

拓展多层次、多元化、互补型股权融资渠道，不断提升经济证券化水平，创新发展区域性股权市场；打造私募基金西部高地，推动创投股权基金发展，拓展私募基金融资渠道；提升信贷供给能力，推动信贷功能深化拓展，加快信贷产品创新；创新发展债券融资市场，健全债券发行交易服务机制，创新债券融资模式。

6月1日，重庆市企业上市工作联席会议办公室印发《重庆市进一步推动企业上市工作实施方案（2022—2025年）》，提出加快推进企业上市，提高直接融资比重，服务西部金融中心建设，促进全市经济高质量发展，主要包含形成推动企业上市合力、实施企业上市"育苗"行动、帮助企业解决上市障碍、积极发挥上市服务机构作用、引导私募股权基金加大投资力度、完善工作保障机制六个方面内容。

6月7日，重庆市地方金融监督管理局《关于完善全市拟上市企业后备库工作方案（征求意见稿）》提出，扩大拟上市企业后备梯队，营造浓郁的上市工作氛围，完善全市拟上市企业后备库。

6月8日，原中国人民银行重庆营业管理部、原中国银行保险监督管理委员会重庆监管局、中国证券监督管理委员会重庆监管局、重庆市地方金融监督管理局、重庆市财政局联合发布《重庆市金融支持稳住经济大盘若干措施》，提出要提高资本市场融资效率，搭建民营、制造业、科技创新等企业发债对接机制，强化项目筛选、储备、辅导、推荐全流程管理与服务，加强与银行间市场交易商协会、上海证券交易所、深圳证券交易所沟通联系，积极扩大绿色、科创、乡村振兴等领域债券创新产品发行规模；引导重庆股份转让中心优化挂牌企业股权质押、定向增资和发行可转债等融资办理流程，提升工作效率；优化基金管理公司设立、变更基金产品等备案流程，开展知名基金重庆行活动，助力加快投资进度；推动法人金融机构发行永续债、二级资本债等方式补充资本，发挥各类基金作用，提升助企纾困能力。

7月16日，重庆市人民政府办公厅印发《关于加强财政金融联动支持实体经济发展的通知》，支持金融业高质量发展。主要包括支持企业挂牌上市，支持企业资本市场再融资，完善金融机构组织体系，鼓励金融机构服务地方经济发展。

12月9日，重庆市财政局、重庆市地方金融监督管理局发布《重庆市上市、挂牌企业财政奖补办法》，从奖补范围、奖补标准、申报拨付程序和监督管理要求等方面，对原《重庆市拟上市重点培育企业财政奖补办法》进行了优化完善，将重庆上市、挂牌企业奖励金额从200万元提高到800万元，将再融资纳入奖补范围，进一步发挥财政资金激励引导作用，持续推动企业上市融资。

（二）新增上市（过会）渝企创历史新高

2022 年，重庆新增上市（过会）企业 18 家、IPO 申报企业 12 家、辅导备案企业 16 家，均创历史新高。截至 2022 年年末，全市上市公司总数达 90 家。

从新增上市公司情况看，2022 年，重庆新增上市公司 9 家，其中境内 IPO 企业 6 家、境外 IPO 企业 2 家、市外迁入 1 家（见表 1-7）。6 家境内上市公司均为民营企业，即山外山、紫建电子、瑜欣电子、望变电气、泓禧科技和康普化学。其中，上交所主板 1 家，科创板 1 家，创业板 2 家，北交所 2 家。分地区看，长寿区 3 家，两江新区、开州区、九龙坡区各 1 家。分行业看，6 家境内 IPO 企业均属制造业，其中，专用设备制造业 1 家，电气机械和器材制造业 2 家，通用设备制造业 1 家，计算机、通信和其他电子设备制造业 1 家，化学原料和化学制品制造业 1 家。2 家境外 IPO 企业分别为东原仁知服务和洪九果品，均为港交所上市民营企业，其中，东原仁知服务为南岸区房地产行业企业，洪九果品为石柱县农、林、牧、渔业企业。此外，2022 年 9 月，丰华股份从上海迁入重庆。

表 1-7　2022 年重庆新增上市公司情况

序号	上市公司	上市日期	上市板块	所属行业名称
1	泓禧科技	2022-02-28	北交所	计算机、通信和其他电子设备制造业
2	望变电气	2022-04-28	上交所主板	电气机械和器材制造业
3	瑜欣电子	2022-05-24	创业板	通用设备制造业
4	紫建电子	2022-08-08	创业板	电气机械和器材制造业
5	康普化学	2022-12-21	北交所	化学原料和化学制品制造业
6	山外山	2022-12-26	科创板	专用设备制造业
7	东原仁知服务	2022-04-29	港交所	房地产行业
8	洪九果品	2022-09-05	港交所	农、林、牧、渔业
9	丰华股份	1992-09-10（2022 年 9 月 13 日迁入）	上交所主板	金属制品业

（三）资本市场融资渠道多样化

2022 年，重庆境内上市公司通过 IPO、定向增发股票、发行可转债的方式募集资金 316.07 亿元。其中，6 家境内 IPO 企业募集资金 41.56 亿元；2 家上市公司通过定向增发股票募集资金 131.11 亿元（太阳能 59.81 亿元、赛力斯 71.30 亿元）；3 家上市公司通过发行可转债募集资金 143.40 亿元（重庆银行 130.00 亿元，顺博合金 8.30 亿元，再升科技 5.10 亿元）。此外，2 家境外 IPO 企业共募集资金 6.33 亿港元（见图 1-4）。

| 41.56亿元 | 131.11亿元 | 143.40亿元 | 6.33亿港元 |
| A 股 IPO，6 家 | A 股定向增发股票，2 家 | A 股可转债，3 家 | H 股境外 IPO，2 家 |

图 1-4　2022 年重庆上市公司募集资金情况

债券市场也是上市公司募集资金的重要场所。2022 年，重庆 12 家上市公司发行信用债券[①]23 只，合计发行规模 454.40 亿元。其中，超短期融资债券 1 只、3.00 亿元，可转债 3 只、143.40 亿元，商业银行次级债券 3 只、115.00 亿元，商业银行债 2 只、70.00 亿元，一般公司债 4 只、38.00 亿元，一般中期票据 3 只、20.00 亿元，证券公司债 4 只、60.00 亿元，证监会主管 ABS 3 只、5.00 亿元（见表 1-8）。

表 1-8　2022 年重庆上市公司债券发行情况

发行类别	发行数量（只）	发行额（亿元）
超短期融资债券	1	3.00
可转债	3	143.40

① 未包含银行机构同业存单。

续表

发行类别	发行数量（只）	发行额（亿元）
商业银行次级债券	3	115.00
商业银行债	2	70.00
一般公司债	4	38.00
一般中期票据	3	20.00
证券公司债	4	60.00
证监会主管 ABS	3	5.00
合计	23	454.40

（四）并购交易有序开展

—●-●-●—

2022 年，披露涉及重庆的公司并购事件 207 起。截至 2022 年年末，披露已完成 78 起，董事会预案 60 起，签署转让协议 24 起，进行中 18 起，股东大会通过 4 起，失败 3 起，达成转让意向 1 起。其中，披露并购事件交易竞买方、交易标的和出让方都为重庆公司的共有 18 起，价值 37.65 亿元，涉及房地产行业、汽车行业、软件与服务行业等（见表 1-9）。

表 1-9　2022 年重庆辖内公司并购事件概况

披露日期	并购事件	总价值（万元）	进度
2022-01-20	万里股份置换及定增收购特瑞电池48.15%股权	117969.49	失败
2022-01-22	三圣股份转让合川三圣 100% 股权	8669.00	签署转让协议
2022-01-26	宗申动力收购宗申新能源公司 44% 股权	953.19	完成

披露日期	并购事件	总价值（万元）	进度
2022-01-26	宗申动力子公司收购宗申电动力公司65%股权及宗申无级变速公司65%股权	1698.94	完成
2022-03-29	涪陵榨菜控股股东涪陵国投股权结构变动	0.00	完成
2022-04-07	中民控股子公司重庆犀野收购景通犀野39.66%股权	2300.00	签署转让协议
2022-04-21	北大资源子公司重庆睿和升出售重庆鑫隆睿51%股权	10051.00	签署转让协议
2022-04-26	金沙数控子公司重庆克来收购伊菲克来17.2426%股权	100.00	完成
2022-04-29	健之佳子公司收购重庆佰瑞100%股权	7148.00	签署转让协议
2022-06-30	金科服务收购金科杰夫44.44%股权及托儿所物业所有权或使用权资产	29386.00	签署转让协议
2022-07-29	科锐特收购大众能源37.5%股权	1170.00	完成
2022-08-05	瀚华金控收购重庆小贷14%股权	9083.80	签署转让协议
2022-08-10	熟旅科技收购软汇科技99.9980%股权	565.00	完成
2022-09-03	三圣股份收购渝北三圣20%股权	0.00	董事会预案
2022-11-11	长安汽车收购长安新能源10.34%股权	133162.14	完成
2022-12-08	重庆百货定增收购重庆商社100%股权	0.00	董事会预案
2022-12-24	渝农商行3.81%股权司法裁定	0.00	完成
2022-12-30	大唐集团控股子公司重庆唐承收购重庆之远80%股权	54207.76	董事会预案

02

第二章
重庆境内上市公司发展情况

截至 2022 年年末，重庆共有境内上市公司 70 家。从整体来看，重庆新增上市公司数量创历史新高，结构进一步优化，规模进一步扩大，成长性进一步凸显，创新能力进一步提升，经营能力进一步增强，投资者重视回报程度进一步加强，为经济社会发展做出了重要贡献。

一　数量及结构

（一）数量：新增上市公司数量创新高

2018—2022年，全市共新增境内上市公司20家（见图2-1）。其中，2022年新增7家（含从上海迁入的丰华股份），增量创新高。截至2022年年末，重庆共有境内上市公司70家（股票71只）[①]（见表2-1）。

2018年　　2019年　　2020年　　2021年　　2022年

图2-1　2018—2022年重庆新增上市公司情况

表2-1　2022年年末重庆境内上市公司一览

序号	证券代码	证券简称	上市日期	上市板块	上市交易所
1	688410.SH	山外山	2022-12-26	科创板	上交所
2	603191.SH	望变电气	2022-04-28	主板	
3	605122.SH	四方新材	2021-03-10	主板	

[①] 长安汽车为A+B股上市公司。

续表

序号	证券代码	证券简称	上市日期	上市板块	上市交易所
4	601963.SH	重庆银行	2021-02-05	主板	上交所
5	601827.SH	三峰环境	2020-06-05	主板	
6	603109.SH	神驰机电	2019-12-31	主板	
7	601077.SH	渝农商行	2019-10-29	主板	
8	603697.SH	有友食品	2019-05-08	主板	
9	603976.SH	正川股份	2017-08-22	主板	
10	603758.SH	秦安股份	2017-05-17	主板	
11	603717.SH	天域生态	2017-03-27	主板	
12	600939.SH	重庆建工	2017-02-21	主板	
13	601127.SH	赛力斯	2016-06-15	主板	
14	603601.SH	再升科技	2015-01-22	主板	
15	600917.SH	重庆燃气	2014-09-30	主板	
16	603100.SH	川仪股份	2014-08-05	主板	
17	603766.SH	隆鑫通用	2012-08-10	主板	
18	601965.SH	中国汽研	2012-06-11	主板	

续表

序号	证券代码	证券简称	上市日期	上市板块	上市交易所
19	601777.SH	力帆科技	2010−11−25	主板	
20	601158.SH	重庆水务	2010−03−29	主板	
21	601005.SH	重庆钢铁	2007−02−28	主板	
22	600452.SH	涪陵电力	2004−03−03	主板	
23	600565.SH	迪马股份	2002−07−23	主板	
24	600369.SH	西南证券	2001−01−09	主板	
25	600292.SH	远达环保	2000−11−01	主板	
26	600279.SH	重庆港	2000−07−31	主板	上交所
27	600129.SH	太极集团	1997−11−18	主板	
28	600132.SH	重庆啤酒	1997−10−30	主板	
29	600116.SH	三峡水利	1997−08−04	主板	
30	600106.SH	重庆路桥	1997−06−18	主板	
31	600729.SH	重庆百货	1996−07−02	主板	
32	600877.SH	电科芯片	1995−10−13	主板	
33	600847.SH	万里股份	1994−03−24	主板	

续表

序号	证券代码	证券简称	上市日期	上市板块	上市交易所
34	600615.SH	丰华股份	1992-09-10	主板	上交所
35	301121.SZ	紫建电子	2022-08-08	创业板	深交所
36	301107.SZ	瑜欣电子	2022-05-24	创业板	
37	001296.SZ	长江材料	2021-12-24	主板	
38	001317.SZ	三羊马	2021-11-30	主板	
39	003006.SZ	百亚股份	2020-09-21	主板	
40	002996.SZ	顺博合金	2020-08-28	主板	
41	002968.SZ	新大正	2019-12-03	主板	
42	002907.SZ	华森制药	2017-10-20	主板	
43	002872.SZ	ST 天圣	2017-05-19	主板	
44	002765.SZ	蓝黛科技	2015-06-12	主板	
45	002742.SZ	ST 三圣	2015-02-17	主板	
46	300363.SZ	博腾股份	2014-01-29	创业板	
47	300275.SZ	梅安森	2011-11-02	创业板	
48	300194.SZ	福安药业	2011-03-22	创业板	

续表

序号	证券代码	证券简称	上市日期	上市板块	上市交易所
49	002558.SZ	巨人网络	2011-03-02	主板	
50	002507.SZ	涪陵榨菜	2010-11-23	主板	
51	300122.SZ	智飞生物	2010-09-28	创业板	
52	300006.SZ	莱美药业	2009-10-30	创业板	
53	002004.SZ	华邦健康	2004-06-25	主板	
54	000950.SZ	重药控股	1999-09-16	主板	
55	000892.SZ	欢瑞世纪	1999-01-15	主板	
56	000838.SZ	财信发展	1997-06-26	主板	深交所
57	000788.SZ	北大医药	1997-06-16	主板	
58	000625.SZ	长安汽车	1997-06-10	主板	
59	000736.SZ	中交地产	1997-04-25	主板	
60	001696.SZ	宗申动力	1997-03-06	主板	
61	000688.SZ	国城矿业	1997-01-20	主板	
62	000656.SZ	金科股份	1996-11-28	主板	
63	200625.SZ	长安 B	1996-11-08	主板	

续表

序号	证券代码	证券简称	上市日期	上市板块	上市交易所
64	000591.SZ	太阳能	1996-02-08	主板	深交所
65	200054.SZ	建车 B	1995-07-25	主板	
66	000565.SZ	渝三峡 A	1994-04-08	主板	
67	000514.SZ	渝开发	1993-07-12	主板	
68	834033.BJ	康普化学	2022-12-21	北证	北交所
69	871857.BJ	泓禧科技	2022-02-28	北证	
70	833873.BJ	中设咨询	2021-11-15	北证	
71	831370.BJ	新安洁	2020-07-27	北证	

（二）上市板块：超八成登陆主板

重庆 70 家境内上市公司中，在上交所上市的有 34 家，占 48.57%，其中主板 33 家、科创板 1 家；深交所 32 家，占 45.71%，其中主板 25 家、创业板 7 家；北交所 4 家，占 5.71%。

2022 年新增的 7 家公司以创新型企业为主，其中，上交所主板、创业板、北交所各 2 家，科创板 1 家。

整体上，重庆境内上市公司以要求相对较高的主板上市为主，达 58 家，占 82.86%，表明重庆境内上市公司整体质量较好。

（三）区域分布：18 个区县和两江新区、重庆高新区

重庆 70 家境内上市公司分布在 18 个区县和两江新区、重庆高新区。

具体来看，江北区最多，共 11 家，占 15.71%；两江新区 9 家，占 12.86%；渝中区、北碚区、长寿区各 6 家，分别占 8.57%；涪陵区 5 家，占 7.14%；九龙坡区、巴南区各 4 家，分别占 5.71%；南岸区、渝北区各 3 家，分别占 4.29%；沙坪坝区、江津区、璧山区各 2 家，分别占 2.86%；万州区、大渡口区、合川区、荣昌区、开州区、垫江县、重庆高新区各 1 家，分别占 1.43%（见表 2-2）。

表 2-2　2022 年年末重庆境内上市公司区域分布情况

区域	数量（家）	占比（%）	公司名称
江北区	11	15.71	中设咨询、重庆银行、渝农商行、天域生态、重庆燃气、智飞生物、西南证券、财信发展、长安汽车、中交地产、金科股份
两江新区	9	12.86	山外山、新安洁、重庆建工、中国汽研、力帆科技、华邦健康、远达环保、重庆港、重庆啤酒
渝中区	6	8.57	新大正、重庆水务、重庆路桥、重庆百货、太阳能、渝开发
北碚区	6	8.57	长江材料、神驰机电、正川股份、ST 三圣、川仪股份、北大医药
长寿区	6	8.57	康普化学、望变电气、泓禧科技、博腾股份、福安药业、重庆钢铁
涪陵区	5	7.14	涪陵榨菜、涪陵电力、欢瑞世纪、太极集团、国城矿业
九龙坡区	4	5.71	丰华股份、秦安股份、隆鑫通用、梅安森
巴南区	4	5.71	四方新材、百亚股份、宗申动力、建车 B

续表

区域	数量（家）	占比（%）	公司名称
南岸区	3	4.29	巨人网络、莱美药业、迪马股份
渝北区	3	4.29	有友食品、再升科技、重药控股
沙坪坝区	2	2.86	三羊马、赛力斯
江津区	2	2.86	渝三峡 A、万里股份
璧山区	2	2.86	蓝黛科技、电科芯片
万州区	1	1.43	三峡水利
大渡口区	1	1.43	三峰环境
合川区	1	1.43	顺博合金
荣昌区	1	1.43	华森制药
开州区	1	1.43	紫建电子
垫江县	1	1.43	ST 天圣
重庆高新区	1	1.43	瑜欣电子

2022 年新增的 7 家上市公司中，长寿区 3 家（康普化学、望变电气、泓禧科技），两江新区（山外山）、重庆高新区（瑜欣电子）、九龙坡区（丰华股份）、开州区（紫建电子）各 1 家。

（四）行业分布：契合产业集聚战略

按所属证监会行业（门类行业①）的标准划分，重庆 70 家境内上市公司涉及采矿业，制造业，电力、热力、燃气及水生产和供应业，建筑业，批发和零售业，交通运输、仓储和邮政业，信息传输、软件和信息技术服务业等 12 个门类。具体来看，制造业企业 39 家，占 55.71%；房地产业企业 6 家，占 8.57%；电力、热力、燃气及水生产和供应业企业 5 家，占 7.14%；交通运输、仓储和邮政业，金融业，批发和零售业，水利、环境和公共设施管理业企业各 3 家，各占 4.29%；建筑业，信息传输、软件和信息技术服务业，科学研究和技术服务业各 2 家，各占 2.86%；采矿业，文化、体育和娱乐业各 1 家，各占 1.43%（见图 2-2）。

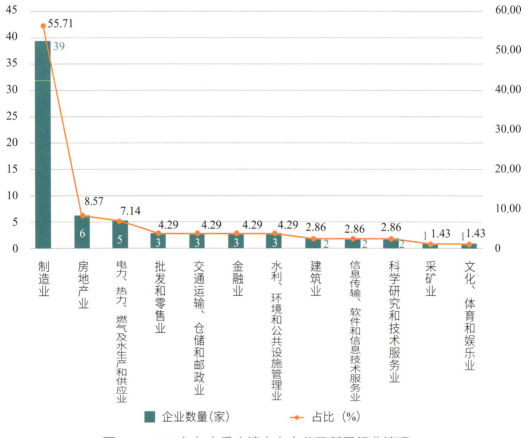

图 2-2　2022 年年末重庆境内上市公司所属行业情况

---

① 国民经济行业分类采用经济活动的同质性原则划分，每一个行业类别按照同一种经济活动的性质划分。分类标准共分为门类、大类、中类和小类四个层次，共包含门类 20 个、大类 97 个、中类 473 个和小类 1382 个。

从大类行业看，上市公司最多的 3 个行业是医药制造、房地产、汽车制造，分别有 8 家、6 家、5 家，合计占总量的近三成。此外，电气机械和器材制造，化学原料和化学制品制造，铁路、船舶、航空航天和其他运输设备制造等先进制造业上市企业占比也较大。

2022 年新增的 7 家上市公司均为制造业门类，包括电气机械和器材制造，专用设备制造，化学原料和化学制品制造，通用设备制造，计算机、通信和其他电子设备制造 5 大类行业。

整体来看，重庆上市公司所属行业情况与重庆实施制造业产业集聚提升培育行动较为契合，特别是智能网联汽车、智能装备、先进材料、生物医药等战略性新兴产业发展较好，打造国家重要先进制造业中心取得初步进展。

（五）企业性质：民营企业比重进一步加大

重庆 70 家境内上市公司中，民营企业 40 家，占 57.14%；国有企业 28 家（包括中央国有企业 11 家、地方国有企业 17 家），占 40.00%；外资企业 2 家，占 2.86%（见图 2-3）。2022 年新增的 7 家上市公司均为民营企业。

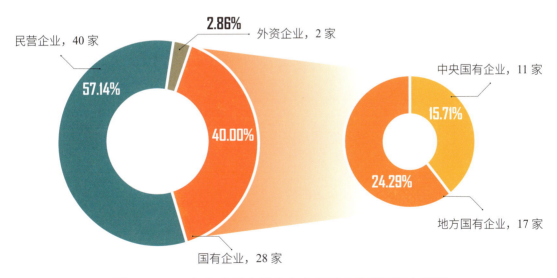

图 2-3　2022 年年末重庆境内上市公司企业性质分布情况

整体来看，与 2021 年相比，民营企业的比重进一步增加，企业结构日益优化，已经成为重庆境内上市公司的主力军（见图 2-4）。

图 2-4　2020—2022 年年末重庆境内上市公司民营企业占比情况

从企业的科创属性看，重庆 70 家境内上市公司中，专精特新企业 14 家，占 20%。其中，专精特新民营企业 10 家，占 71.43%；7 家"小巨人"上市企业均为民营企业。"双百"企业[①] 17 家，其中重点企业 14 家。长安汽车、中国汽研 2 家上市公司入选国务院国资委创建世界一流专精特新示范企业名单，成为引领中国企业打造世界一流的"排头兵"。

二　规模与实力

（一）市值：超七成企业市值下降

截至 2022 年 12 月 31 日，重庆 70 家境内上市公司（71 只股票）总市值 10029.63 亿元，比 2021 年（12039.58 亿元）下降 16.69%。

从市值分布来看，1000 亿元及以上的股票 2 只，占 2.82%；500 亿 ~1000 亿（不含）元的 2 只，占 2.82%；300 亿 ~500 亿（不含）元的 2 只，占 2.82%；100 亿 ~300 亿（不含）元的 21 只，占 29.58%；50 亿 ~100 亿（不含）元的 14 只，占 19.72%；20 亿 ~50 亿（不含）元的 20 只，占 28.17%；20 亿元以下的 10 只，占 14.08%。平均市值 141.26 亿元，低于 A 股平均市值（173.32 亿元）；中位数 59.43 亿元，高于 A 股市值中位数（52.32 亿元）。

---

① "双百"企业指的是"百家实力型企业""百家成长型企业"。"百家实力型企业"指全市销售规模前百位或各地销售规模前五位企业；"百家成长型企业"指年销售 5000 万元以上，近三年平均增速在 25% 以上，发展后劲足的高成长企业。

从 2022 年市值变化情况来看，除当年新增的 6 家 IPO 企业（丰华股份由市外迁入，于 1992 年上市）外，65 只股票中有 15 只实现正增长，占 23.08%；50 只下降，占 76.92%（见表 2-3）。市值增幅超过 100% 的有 1 家，为中交地产，增长 182.05%。

表 2-3　重庆境内上市公司市值变化情况

序号	证券简称	2022 年 12 月 31 日市值（亿元）	2021 年 12 月 31 日市值（亿元）	增幅（%）
1	中交地产	124.55	44.16	182.05
2	川仪股份	123.60	83.58	47.87
3	太极集团	167.40	125.08	33.84
4	长安 B	326.15	272.07	19.88
5	华森制药	85.02	72.51	17.26
6	国城矿业	181.17	159.00	13.95
7	重庆路桥	65.92	59.81	10.22
8	北大医药	44.34	40.83	8.61
9	蓝黛科技	52.42	48.31	8.49
10	渝开发	36.20	33.41	8.33
11	中国汽研	194.74	184.10	5.78
12	长安汽车	1221.37	1159.32	5.35
13	梅安森	22.22	21.61	2.85
14	丰华股份	16.77	16.53	1.48
15	ST 天圣	16.79	16.60	1.15

序号	证券简称	2022 年 12 月 31 日市值（亿元）	2021 年 12 月 31 日市值（亿元）	增幅（%）
16	重药控股	88.56	88.91	−0.39
17	欢瑞世纪	44.05	44.24	−0.44
18	重庆港	47.12	48.31	−2.46
19	重庆燃气	125.08	131.84	−5.13
20	建车 B	5.26	5.65	−6.97
21	渝农商行	400.90	437.24	−8.31
22	秦安股份	34.23	37.43	−8.56
23	重庆百货	96.14	105.78	−9.11
24	涪陵电力	138.11	153.50	−10.03
25	万里股份	23.48	26.17	−10.25
26	重庆建工	66.37	74.22	−10.57
27	顺博合金	57.20	64.23	−10.94
28	隆鑫通用	99.80	113.15	−11.80
29	渝三峡 A	25.45	28.92	−11.99
30	电科芯片	161.76	185.44	−12.77
31	新大正	49.92	57.65	−13.41
32	迪马股份	53.82	62.21	−13.50
33	太阳能	286.55	336.79	−14.92

续表

序号	证券简称	2022年12月31日 市值（亿元）	2021年12月31日 市值（亿元）	增幅（%）
34	重庆啤酒	616.48	732.35	−15.82
35	宗申动力	68.01	83.24	−18.29
36	重庆水务	246.24	307.68	−19.97
37	百亚股份	59.43	76.70	−22.52
38	重庆银行	235.57	309.23	−23.82
39	重庆钢铁	140.91	186.40	−24.40
40	财信发展	59.09	79.01	−25.21
41	赛力斯	598.76	809.84	−26.06
42	三峡水利	163.87	222.96	−26.50
43	三峰环境	107.91	149.70	−27.91
44	西南证券	249.19	351.53	−29.11
45	有友食品	38.38	54.30	−29.32
46	智飞生物	1405.28	1993.60	−29.51
47	华邦健康	100.98	143.35	−29.56
48	福安药业	42.83	60.91	−29.69
49	神驰机电	29.76	42.68	−30.27
50	涪陵榨菜	228.74	335.52	−31.83
51	巨人网络	159.59	242.32	−34.14

序号	证券简称	2022 年 12 月 31 日市值（亿元）	2021 年 12 月 31 日市值（亿元）	增幅（%）
52	远达环保	43.73	66.68	−34.43
53	四方新材	25.30	39.04	−35.19
54	力帆科技	176.46	278.55	−36.65
55	ST 三圣	19.61	31.88	−38.48
56	正川股份	31.07	51.59	−39.77
57	再升科技	53.85	89.98	−40.15
58	新安洁	8.91	15.62	−42.94
59	莱美药业	40.23	72.01	−44.13
60	天域生态	19.96	37.08	−46.17
61	三羊马	34.26	68.63	−50.08
62	中设咨询	5 .00	10.23	−51.12
63	博腾股份	223.05	486.97	−54.20
64	金科股份	101.99	239.22	−57.37
65	长江材料	20.54	48.73	−57.85

（二）资产规模：小规模上市公司占比大

2022 年，随着上市公司数量的增加，重庆 70 家境内上市公司资产规模总量达 34760.19 亿元，平均资产规模 496.57 亿元（见图 2-5）。资产规模总量虽进一步扩大，但平均规模较 2021 年有所减少。

（单位：亿元）

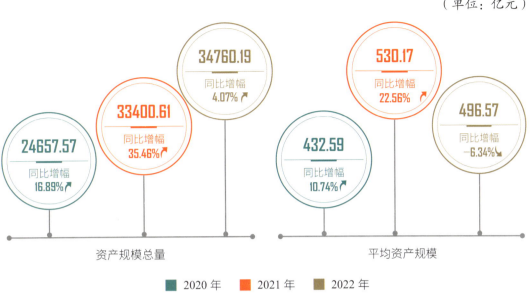

资产规模总量　　　　　　平均资产规模

■ 2020 年　　■ 2021 年　　■ 2022 年

图 2-5　2020—2022 年重庆境内上市公司资产规模总量情况

　　从资产规模分布来看，1000 亿元及以上的有 5 家，占 7.14%；500 亿 ~1000 亿（不含）元的 4 家，占 5.71%；200 亿 ~500 亿（不含）元的 9 家，占 12.86%；100 亿 ~200 亿（不含）元的 10 家，占 14.29%；50 亿 ~100 亿（不含）元的 10 家，占 14.29%；10 亿 ~50 亿（不含）元的 25 家，占 35.71%；10 亿元以下的 7 家，占 10.00%。分行业看，基于行业的特殊性，金融业资产规模总量及平均资产规模均为第 1 位；房地产业，建筑业，批发和零售业，电力、热力、燃气及水生产和供应业平均资产规模排名分列第 2 位至第 5 位（见表 2-4）。

表 2-4　2022 年重庆境内上市公司各行业资产规模情况

序号	门类行业	资产规模总量（亿元）	占比（%）	平均资产规模（亿元）
1	金融业	21175.68	60.92	7058.56
2	房地产业	5269.49	15.16	878.25
3	建筑业	855.29	2.46	427.64

序号	门类行业	资产规模总量（亿元）	占比（%）	平均资产规模（亿元）
4	批发和零售业	773.66	2.23	257.89
5	电力、热力、燃气及水生产和供应业	1174.44	3.38	234.89
6	制造业	4621.21	13.29	118.49
7	水利、环境和公共设施管理业	349.45	1.01	116.48
8	采矿业	77.57	0.22	77.57
9	信息传输、软件和信息技术服务业	144.22	0.41	72.11
10	交通运输、仓储和邮政业	210.61	0.61	70.20
11	科学研究和技术服务业	85.66	0.25	42.83
12	文化、体育和娱乐业	22.92	0.07	22.92

（三）营业收入：超四成企业营收增长

2022 年，重庆境内上市公司营业总收入为 7286.42 亿元，较上一年增长 2.23%。分门类行业看，批发和零售业的收入均值最高，文化、体育和娱乐业最低（见图 2-6）。受宏观经济环境等多重因素的影响，重庆 70 家境内上市公司中，仅 32 家实现营业收入增长，占 45.71%，38 家出现下降，占 54.29%。

从大类行业看，在营业收入实现增长的企业中，医药制造，汽车制造，房地产，电力、热力生产和供应 4 个行业各有 3 家；化学原料和化学制品制造，非金属矿物制品，电气机械和器材制造 3 个行业各有 2 家；专用设备制造，造纸和纸制品，仪器仪表制造，土木工程建筑，通用设备制造，水的生产和供应，食品制造，生态保护和环境治理，软件和信息技术服务，燃气生产和供应，批发，酒、饮料和精制茶制造，广播、电视、电影和影视录音制作，废弃资源综合利用 14 个行业各有 1 家。

从营业收入分布看，1000亿元及以上的企业有1家，占1.43%；500亿~1000亿（不含）元的2家，占2.86%；300亿~500亿（不含）元的5家，占7.14%；100亿~300亿（不含）元的10家，占14.29%；50亿~100亿（不含）元的8家，占11.43%；20亿~50亿（不含）元的14家，占20.00%；20亿元以下的30家，占42.86%。平均营业收入104.09亿元，同比下降7.99%，低于A股平均营业收入（140.99亿元）；中位数为25.37亿元，高于A股营业收入中位数（18.75亿元）。

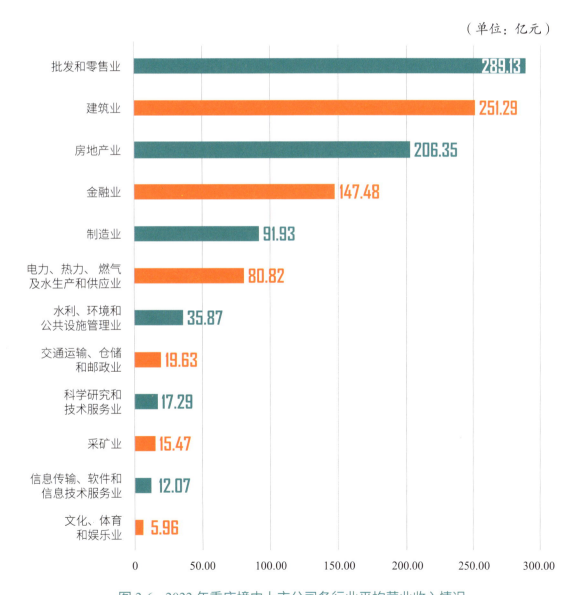

（单位：亿元）

图2-6　2022年重庆境内上市公司各行业平均营业收入情况

（四）利润情况：超半数盈利能力下降

从营业利润[①]看，2022 年，重庆 70 家境内上市公司营业利润总额为 298.24 亿元，平均值为 4.26 亿元，与 A 股上市公司营业利润平均值（13.67 亿元）有较大差距。

从核心利润[②]看，2022 年，重庆 70 家境内上市公司核心利润总额为 317.90 亿元，平均值为 4.54 亿元。其中，28 家公司实现增长，占 40.00%，增幅最大的为太极集团，增幅414.34%（见图 2-7）；42 家公司出现下降，占 60.00%。

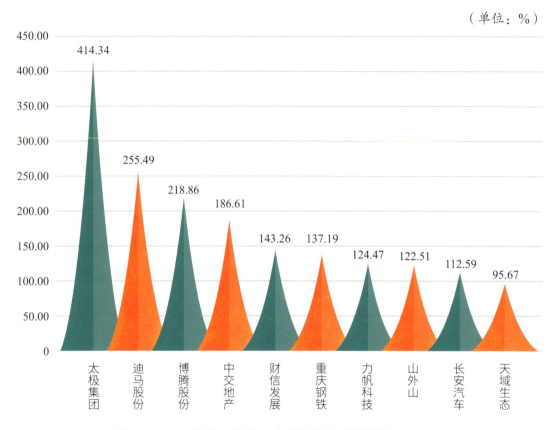

（单位：%）

图 2-7　2022 年重庆境内上市公司核心利润增速 TOP 10

[①] 营业利润是指公司从生产经营活动中取得的全部利润，是企业利润的主要来源，能反映公司管理层的经营业绩。计算公式为：营业利润 = 营业总收入 − 营业总成本 − 其他业务成本 + 其他收益 + 投资净收益 + 净敞口套期收益 + 公允价值变动净收益 + 资产减值损失 + 信用减值损失 + 资产处置收益 + 汇兑净收益。

[②] 核心利润是指企业自身开展经营活动所产生的经营成果，剔除投资收益、政府补贴等非经营活动的影响，还原企业经营活动真实的盈利能力。本报告采用的计算公式为：核心利润 = 营业收入 − 营业成本 − 税金及附加 − 销售费用 − 管理费用 − 财务费用。

从门类行业看，电力、热力、燃气及水生产和供应业，制造业，信息传输、软件和信息技术服务业，批发和零售业，科学研究和技术服务业的核心利润均值超过 5 亿元。

从净利润看，70 家上市公司净利润总额为 201.97 亿元，平均净利润为 2.89 亿元，中位数为 1.76 亿元，同比分别下降 60.86%、64.71%、20.00%。其中，实现盈利的有 54 家，占77.14%，净利润在 50 亿元及以上的有 4 家，占 5.71%；10 亿~50 亿（不含）元的有 8 家，占 11.43%；5 亿~10 亿（不含）元的有 6 家，占 8.57%；1 亿~5 亿（不含）元的有 24 家，占 34.29%；0~1 亿（不含）元的有 12 家，占 17.14%。亏损的有 16 家，占 22.86%。净利润增长的有 30 家，占 42.86%；下降的有 40 家，占 57.14%。整体来看，超半数的重庆境内上市公司盈利能力有所下降。

（五）研发费用：战略性新兴产业户均超亿元

当前，重庆正聚焦重点领域加快推动产业转型升级，加快建设具有全国影响力的科技创新中心。重庆境内上市公司不仅是推动区域经济发展的"领头羊"，也是推动科技创新、产业转型升级的重要力量。

2020—2022 年，提取到数据的重庆境内上市公司研发费用总额分别为 79.79 亿元、94.50 亿元、117.48 亿元，同比分别增长 6.81%、18.44%、24.32%。

2022 年，公布研发费用数据的 58 家上市公司中，10 亿元及以上的有 2 家，占 3.45%；5 亿~10 亿（不含）元的有 3 家，占 5.17%；3 亿~5 亿（不含）元的有 3 家，占 5.17%；1 亿~3 亿（不含）元的有 10 家，占 17.24%；0.5 亿~1 亿（不含）元的有 8 家，占 13.79%；0.1 亿~0.5 亿（不含）元的有 20 家，占 34.48%；0.1 亿元以下的有 12 家，占 20.69%。[①]

分门类行业看，信息传输、软件和信息技术服务业企业的户均研发费用最高，为 3.38 亿元 / 家；其次为制造业企业，为 2.74 亿元 / 家（见表 2-5）。从大类行业看，户均研发费用超过 1 亿元的大类行业主要集中在医药制造，汽车制造，互联网和相关服务，专业技术服务业，铁路、船舶、航空航天和其他运输设备制造，仪器仪表制造等战略性新兴产业。分析认为，近年来重庆加快构建现代产业体系，推动产业转型升级，促进产业基础高级化和产业链现代化，特别是生物医药、智能网联汽车等领域企业正不断加大研发投入力度，培育核心竞争力。

---

① 报告中保留 2 位小数后，由于四舍五入的原因，部分数量占比之和存在一定误差，不等于 100%。

表 2-5　2022 年重庆境内上市公司各行业户均研发费用情况

序号	门类行业	公布研发费用数据的企业数（家）	平均研发费用（亿元）
1	信息传输、软件和信息技术服务业	2	3.38
2	制造业	37	2.74
3	科学研究和技术服务业	2	1.15
4	电力、热力、燃气及水生产和供应业	3	0.79
5	建筑业	2	0.67
6	水利、环境和公共设施管理业	3	0.57
7	房地产	4	0.24
8	批发和零售业	3	0.22
9	交通运输、仓储和邮政业	1	0.01
10	文化、体育和娱乐业	1	0.01

（六）人才[①]情况：4 个行业人才储备充足

　　截至 2022 年年末，重庆 70 家境内上市公司员工总数为 33.92 万人，拥有各类人才 4.16 万人，同比减少 0.14 万人；户均拥有人才 594 人，户均人才拥有量同比减少 12.90%。人才数量占员工总数的 12.26%，较上一年（12.50%）也有所减少（见图 2-8）。

---

① 本报告所指的人才包括研发人员、高管人员、硕士及以上学历员工。

| 2021 年 | 2022 年 |

图 2-8　2021—2022 年重庆境内上市公司人才情况

从人才数量的分布看，10000 人及以上的 1 家，占 1.43%；2000~10000（不含）人的 2 家，占 2.86%；1000~2000（不含）人的 9 家，占 12.86%；500~1000（不含）人的 10 家，占 14.29%；200~500（不含）人的 12 家，占 17.14%；200 人以下的 36 家，占 51.43%（见图 2-9）。

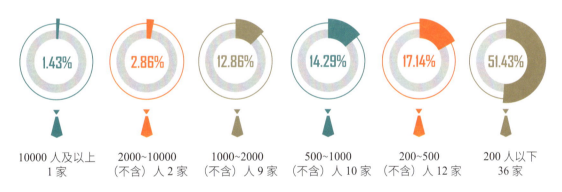

图 2-9　2022 年年末重庆境内上市公司人才数量分布情况

具体来看，共录得 21 家上市公司拥有博士研究生学历人才 321 人，占境内上市公司员工总数的 0.09%。其中，长安汽车、中国汽研、华邦健康分别以 113 人、55 人、52 人排名前 3。录得 55 家上市公司拥有硕士研究生学历人才 13799 人，占境内上市公司员工总数的 4.07%。其中，长安汽车、金科股份、博腾股份分别以 2573 人、1806 人、1063 人排名前 3。录得 49 家上市公司拥有研发人员 27012 人，占境内上市公司员工总数的 7.96%。其中，长安汽车、重庆建工、隆鑫通用分别以 7899 人、2507 人、1404 人排名前 3。从高管人员来看，70 家境内上市公司共有高管人员 468 人，占境内上市公司员工总数的 0.14%（见图 2-10）。

7.96%　研发人员 27012 人

0.14%　高管人员 468 人

4.07%　硕士研究生学历 13799 人

0.09%　博士研究生学历 321 人

图 2-10　2022 年年末重庆境内上市公司人才结构情况

从所属行业看，建筑业户均人才数量最多，达 1292 人；其次为科学研究和技术服务业 854 人，第 3 位为制造业 727 人，第 4 位为信息传输、软件和信息技术服务业 666 人（见图 2-11）。上述 4 个行业户均人才数量高于上市公司平均值，表明其人才储备较为充足，特别是以信息技术、医药生物、高端装备制造、科学研究技术服务为代表的企业人才储备量较大。

（单位：人）

行业	数量
建筑业	1292
科学研究和技术服务业	854
制造业	727
信息传输、软件和信息技术服务业	666
金融业	577
房地产业	486
水利、环境和公共设施管理业	339
电力、热力、燃气及水生产和供应业	267
批发和零售业	182
采矿业	37
文化、体育和娱乐业	32
交通运输、仓储和邮政业	10

图 2-11　2022 年年末重庆境内上市公司各行业户均人才数量情况

三 成长与创新

（一）成长能力

1. 营业收入：32 家上市公司实现增长

营业收入是企业的主要经营成果，是企业取得利润的重要保障，是企业现金流入量的重要组成部分。营业收入增速是评价企业成长情况和发展能力的重要指标。2022 年，重庆 70 家境内上市公司营业收入增长的有 32 家，占 45.71%，较上年（77.78%）大幅减少。其中，增幅在 100% 及以上的有 4 家，占 5.71%；50%~100%（不含）的 2 家，占 2.86%；20%~50%（不含）的 8 家，占 11.43%；10%~20%（不含）的 9 家，占 12.86%；0~10%（不含）的 9 家，占 12.86%。其中，增幅超过 30% 的有 10 家，分别是中交地产、博腾股份、力帆科技、赛力斯、康普化学、欢瑞世纪、天域生态、山外山、太阳能、望变电气。营业收入下降的有 38 家，占 54.29%（见图 2-12）。

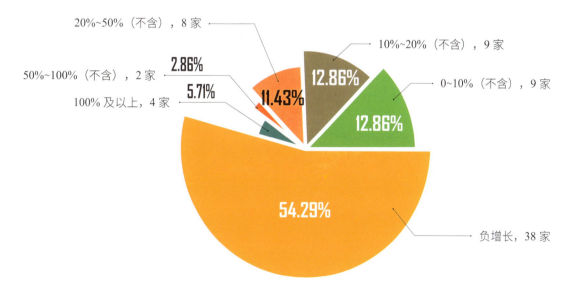

图 2-12　2022 年年末重庆境内上市公司营业收入增速分布情况

分门类行业看，文化、体育和娱乐业，制造业，电力、热力、燃气及水生产和供应业，批发和零售业营业收入实现增长。房地产业营业收入下降幅度较大，达 20.46%（见表 2-6）。

表 2-6　2022 年重庆境内上市公司各行业营业收入增长情况

序号	门类行业	2022 年营业收入总额（亿元）	2021 年营业收入总额（亿元）	增幅（%）
1	文化、体育和娱乐业	5.96	3.88	53.61
2	制造业	3585.21	3089.00	16.06
3	电力、热力、燃气及水生产和供应业	404.09	354.00	14.15
4	批发和零售业	867.40	843.81	2.80
5	信息传输、软件和信息技术服务业	24.14	24.34	−0.82
6	水利、环境和公共设施管理业	107.61	109.23	−1.48
7	金融业	442.43	484.53	−8.69
8	采矿业	15.47	17.09	−9.48
9	交通运输、仓储和邮政业	58.89	65.69	−10.35
10	建筑业	502.59	584.47	−14.01
11	科学研究和技术服务业	34.57	40.63	−14.92
12	房地产业	1238.07	1556.45	−20.46

2. 核心利润：9 家增幅超 100%

2022 年，重庆 70 家境内上市公司中，核心利润上升的有 28 家，占 40.00%。其中，增幅在 100% 及以上的有 9 家，占 12.86%；50%~100%（不含）的有 4 家，占 5.71%；20%~50%（不含）的有 6 家，占 8.57%；10%~20%（不含）的有 5 家，占 7.14%；0~10%（不含）的有 4 家，占 5.71%。核心利润下降的有 42 家，占 60.00%。其中，15 家企业下降 50.00% 以上，占 21.43%。整体来看，2022 年，重庆境内上市公司的盈利能力有所下滑。

分门类行业看，仅制造业、科学研究和技术服务业较上年有所增长。其中，制造业核心利润均值增长 10.31%，科学研究和技术服务业核心利润均值增长 7.22%。其他行业均有所下降，特别是交通运输、仓储和邮政业，房地产业，文化、体育和娱乐业 3 个行业降幅较大，均超过 50.00%（见表 2-7）。

表 2-7 2022 年重庆境内上市公司各行业核心利润均值增长情况

序号	门类行业	企业数量（家）	2022 年核心利润均值（亿元）	2021 年核心利润均值（亿元）	增幅（%）
1	制造业	39	8.88	8.05	10.31
2	科学研究和技术服务业	2	5.05	4.71	7.22
3	电力、热力、燃气及水生产和供应业	5	9.76	9.79	−0.31
4	信息传输、软件和信息技术服务业	2	6.07	6.14	−1.14
5	金融业	3	−48.13	−46.40	−3.73
6	水利、环境和公共设施管理业	3	4.45	4.90	−9.18
7	批发和零售业	3	6.01	7.66	−21.54
8	建筑业	2	3.26	4.53	−28.04
9	采矿业	1	1.64	2.37	−30.80
10	交通运输、仓储和邮政业	3	0.21	0.47	−55.32
11	房地产业	6	0.86	18.90	−95.45
12	文化、体育和娱乐业	1	−1.53	−0.66	−131.82

3. 净利润：民营上市公司低于国有和外资上市公司

2022 年，重庆 70 家境内上市公司中，净利润实现增长的有 30 家，占 42.86%；下降的有 40 家，占 57.14%。其中增幅在 100% 及以上的有 8 家，50%~100%（不含）的有 4 家，20%~50%（不含）的有 8 家，10%~20%（不含）的有 3 家，0~10%（不含）的有 7 家，−10%~0（不含）

的有 5 家，−20%~−10%（不含）的有 7 家，−50%~−20%（不含）的有 15 家，−100%~−50%（不含）的有 5 家，−100% 以下的有 8 家。整体来看，大部分重庆境内上市公司净利润降幅较大。

分门类行业看，除文化、体育和娱乐业，金融业这两个行业净利润实现增长外，其他行业净利润均有所下降，特别是建筑业、房地产业净利润下降幅度较大，均超过 200.00%（见表 2-8）。分大类行业看，净利润下降超过 200.00% 的上市公司，集中在黑色金属冶炼和压延加工业、生态保护和环境治理业、非金属矿物制品业、公共设施管理业、电气机械和器材制造业、房地产业、金属制品业等传统领域和亟须绿色转型升级的行业。

表 2-8　2022 年重庆境内上市公司各行业净利润增长情况

序号	门类行业	企业数量（家）	2022 年净利润（亿元）	2021 年净利润（亿元）	增幅（%）
1	文化、体育和娱乐业	1	0.07	−3.39	102.06
2	金融业	3	159.00	156.03	1.90
3	交通运输、仓储和邮政业	3	4.00	4.07	−1.72
4	制造业	39	196.74	206.63	−4.79
5	电力、热力、燃气及水生产和供应业	5	48.03	50.86	−5.56
6	科学研究和技术服务业	2	7.00	7.57	−7.53
7	批发和零售业	3	19.76	22.34	−11.55
8	信息传输、软件和信息技术服务业	2	8.71	10.18	−14.44
9	采矿业	1	1.55	1.88	−17.55
10	水利、环境和公共设施管理业	3	11.05	14.12	−21.74

续表

序号	门类行业	企业数量（家）	2022年净利润（亿元）	2021年净利润（亿元）	增幅（%）
11	建筑业	2	−0.76	0.65	−216.92
12	房地产业	6	−253.19	49.80	−608.41

分析认为，建筑业、房地产业受宏观环境影响较大，特别是部分大型房地产企业经营困难，造成房地产业净利润"断崖式"下降608.41%，很大程度上影响了下游建筑业及专业技术服务业企业经营。同时，在"双碳"目标下，推动企业绿色化、低碳化发展是实现高质量发展的关键环节。未来，未进行绿色转型升级或不符合绿色环保要求的企业，经营压力或将进一步加大。

从企业性质看，重庆境内上市公司中，民营上市公司净利润总额−178.27亿元，较上年的160.78亿元下降210.88%；国有上市公司352.55亿元，较上年的334.94亿元增长5.26%；外资上市公司27.68亿元，较上年的25.02亿元增长10.63%。在净利润下降的40家企业中，民营企业有25家，国有企业有15家；净利润下降超过100%的9家企业中，民营企业有7家，国有企业有2家。整体来看，2022年民营上市公司盈利能力低于国有和外资上市公司。

4. 人才数量：超五成上市公司实现增长

从上市公司人才的增幅看，增长的有38家，占54.29%；下降的有26家，占37.14%；持平的有6家，占8.57%。人才数量增长超过100人的8家上市公司中，分大类行业看，医药制造业3家，汽车制造业2家，专业技术服务业、生态保护和环境治理业、专用设备制造业各1家。

从企业性质看，民营上市公司拥有人才15956人，较上年的18232人减少12.48%；国有上市公司拥有人才23981人，较上年的23560人增长1.79%；外资上市公司拥有人才1663人，较上年的1950人减少14.72%（见图2-13）。具体来看，半数民营上市公司（20家）和超六成的国有上市公司（18家）人才数量实现增长，希望通过较大数量的人才支撑企业发展。但也应该看到，受宏观经济环境的影响，重庆境内上市公司人才聚集能力有所下降，特别是民营和外资上市公司由于经营承压，人才吸引能力低于国有上市公司。

（单位：人）

图 2-13　2022 年重庆境内上市公司人才数量变化情况

（二）创新能力

1. 研发费用占营业收入比例：超六成上市公司上升

研发费用占营业收入比例是上市公司科技创新和转型升级的试金石。2022 年，录得研发费用占营业收入比例数据的 58 家境内上市公司中，占比 5% 及以上的有 16 家，占 27.59%；3%~5%（不含）的有 10 家，占 17.24%；1%~3%（不含）的有 13 家，占 22.41%；0.1%~1%（不含）的有 13 家，占 22.41%；0.1% 以下的有 6 家，占 10.34%。

2021—2022 年连续两年公布研发费用的 57 家企业中，研发费用占营业收入比例上升的企业有 35 家，占 61.40%。其中，民营企业 23 家、国有企业 11 家、外资企业 1 家，分别占 40.35%、19.30%、1.75%。

分门类行业看，信息传输、软件和信息技术服务业的研发费用占营业收入比例最高，为 28.06%；其次为科学研究和技术服务业，达 6.65%；第 3 位为制造业，达 2.92%。研发费用占营业收入比例较上一年增长的前 3 个行业分别为科学研究和技术服务业，电力、热力、燃气及水生产和供应业，制造业（见表 2-9）。

从大类行业看，研发费用占营业收入比例 TOP10 中，医药制造企业 3 家；互联网和相关服务业，计算机、通信和其他电子设备制造业，软件和信息技术服务业，专业技术服务业，电气机械和器材制造业，仪器仪表制造业，非金属矿物制品业各 1 家。

整体来看，民营企业愈发注重研发，且医药制造、互联网、专业技术、装备制造等战略性新兴产业企业对研发的重视程度不断加强。

表 2-9　2022 年重庆境内上市公司各行业研发费用占营业收入比例变化情况

（单位：%）

序号	门类行业	2022 年研发费用占营业收入比例	2021 年研发费用占营业收入比例	增长
1	科学研究和技术服务业	6.65	4.82	1.83
2	电力、热力、燃气及水生产和供应业	0.92	0.56	0.36
3	制造业	2.92	2.70	0.22
4	水利、环境和公共设施管理业	1.60	1.39	0.21
5	建筑业	0.27	0.15	0.12
6	批发和零售业	0.08	0.09	−0.01
7	房地产	0.08	0.11	−0.03
8	文化、体育和娱乐业	0.17	0.26	−0.09
9	交通运输、仓储和邮政业	0.12	0.22	−0.10
10	信息传输、软件和信息技术服务业	28.06	30.40	−2.34

2. 研发费用增长率：专精特新上市公司增幅超 25%

从研发费用的增长情况看，2021—2022 年均公布数据的 57 家上市公司（中交地产 2021 年未公布）中，费用较 2021 年增长的有 38 家，下降的有 19 家（见图 2-14）。增幅在 100% 及以上的有 2 家，占 3.51%；50%~100%（不含）的有 7 家，占 12.28%；30%~50%（不含）的有 11 家，占 19.30%；0~30%（不含）的有 18 家，占 31.58%；−30%~0（不含）的有 12 家，占 21.05%；−50%~−30%（不含）的有 3 家，占 5.26%；−50% 以下的有 4 家，占 7.02%。

图 2-14　2022 年重庆境内上市公司研发费用较 2021 年变化情况

分行业看，研发费用增长的 38 家企业中，制造业 29 家，增长 28.94%；建筑业 2 家，增长 52.27%；科学研究和技术服务业 2 家，17.35%；电力、热力、燃气及水生产和供应业 1 家，增长 98.44%；文化、体育和娱乐业 1 家，增长 81.85%；水利、环境和公共设施管理业 1 家，增长 35.33%；信息传输、软件和信息技术服务业 1 家，26.75%；批发和零售业 1 家，增长 17.19%（见图 2-15）。研发费用下降的有 19 家，占 33.33%。从单个企业看，研发费用增幅排名前 3 位的是天域生态、重庆钢铁、太阳能，分别为 154.53%、109.77%、98.44%。

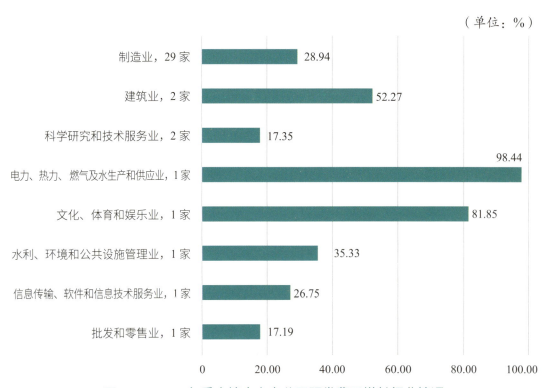

图 2-15　2022 年重庆境内上市公司研发费用增长行业情况

从企业属性看，13 家公布近两年数据的专精特新企业研发费用增长 26.85%。其中，望变电气、宗申动力、赛力斯、瑜欣电子、山外山 5 家专精特新上市公司研发费用增幅均超过 30%，分别为 49.26%、38.58%、38.57%、31.39%、30.37%。

此外，36 家公布近两年数据的民营企业研发费用总额为 55.04 亿元，增长 25.42%，占重庆境内上市公司研发费用总额的 46.85%。其中，26 家民营企业研发费用有所上升，占 72.22%；10 家民营企业研发费用有所下降，占 27.78%。20 家公布数据的国有企业（含中央企业和地方国有企业）研发费用总额为 60.87 亿元，增长 20.82%，占重庆境内上市公司研发费用总额的 51.81%。公布近两年数据的 19 家国有企业研发费用总额增长 20.82%，其中 11 家实现上升，占 57.89%；8 家出现下降，占 42.11%。2 家外资企业研发费用总额为 1.57 亿元，下降 17.10%，占重庆境内上市公司研发费用总额的 1.34%，其中 1 家上升、1 家下降（见表 2-10）。

表 2-10　2022 年重庆境内上市公司研发费用不同类型企业增长情况

企业性质	研发费用上升企业数（家）	占比（%）	研发费用下降企业数（家）	占比（%）	研发费用总额增幅（%）
民营企业	26	72.22	10	27.78	25.42
国有企业	11	57.89	8	42.11	20.82
外资企业	1	50.00	1	50.00	−17.10

注：本表展示了近两年均公布研发费用的上市公司情况，不包含仅公布 2022 年研发费用的中交地产。

整体来看，重庆民营企业愈发重视研发，创新动力强，敢于涉足新领域、采用新技术、开发新工艺，不断推出新产品、提供新服务，焕发出了强大的生机和活力。专精特新企业通过加大研发力度，赋予企业竞争力与价值性，不断推动企业高质量发展。

3. 技术人员数量占比：3 类行业占比超五成

2022 年，65 家公布技术人员数量占比数据的重庆境内上市公司中，占比在 50% 及以上的 5 家，占 7.69%；30%~50%（不含）的 6 家，占 9.23%；10%~30%（不含）的 38 家，占 58.46%；0~10%（不含）的 16 家，占 24.62%。

分门类行业看，科学研究和技术服务业上市公司平均技术人员数量占比为 73.68%，排名第 1；其次为信息传输、软件和信息技术服务业，为 63.45%；第 3 位为建筑业，占 53.26%。水利、环境和公共设施管理业，房地产业分列第 4 位、第 5 位，分别为 26.08%、21.68%（见图 2-16）。

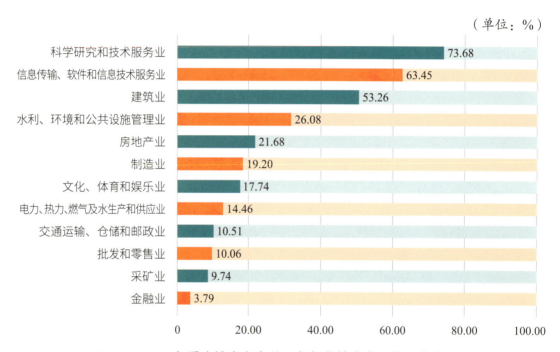

（单位：%）

图 2-16　2022 年重庆境内上市公司各行业技术人员数量占比情况

近两年均公布数据的 64 家上市公司中，技术人员数量占比增加的有 43 家，下降的有 21 家。从大类行业看，技术人员数量占比增加的企业主要集中在医药制造，汽车制造，铁路、船舶、航空航天和其他运输设备制造业等领域。

4. 研发人员数量占比：信息传输、软件和信息技术服务业最高

录得数据的 53 家上市公司中，研发人员数量占比在 50% 及以上的 1 家，占 1.89%；30%~50%（不含）的 1 家，占 1.89%；10%~30%（不含）的 29 家，占 54.72%；0~10%（不含）的 22 家，占 41.51%。具体来看，巨人网络以 69.47% 居首，中国汽研、电科芯片分列第 2 位、第 3 位，分别为 31.93%、28.89%（见图 2-17）。

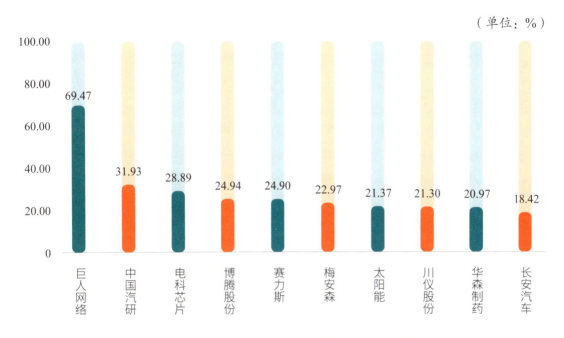

（单位：%）

图 2-17　2022 年重庆境内上市公司研发人员数量占比 TOP 10

分行业看，信息传输、软件和信息技术服务业的研发人员数量占比平均值最高，达 56.84%；其次为科学研究和技术服务业，平均值为 27.45%；建筑业，制造业，电力、热力、燃气及水生产和供应业分列第 3 位至第 5 位，平均值分别为 16.87%、14.02%、6.62%。

从连续两年公布研发人员数量占比的 49 家企业来看，上升的有 32 家，下降的有 17 家。研发人员数量占比上升的企业所属大类行业与技术人员数量占比上升企业所属的行业基本相同。

整体来看，技术人员数量占比、研发人员数量占比的情况与行业特性相关，无论是科研技术服务、信息技术，还是医药制造、汽车制造，均有较高的技术门槛或专业资格。以技术人员数量占比第 1 位的中设咨询和研发人员数量占比第 1 位的巨人网络为例，中设咨询以工程设计、工程勘察、科研规划与工程项目管理为主业，其大部分职位均需要专业技术作为支撑，故其技术人员数量较多。巨人网络是以互联网娱乐、互联网金融、互联网医疗为三大核心业务的综合性互联网企业，在人才结构上，注重精英化、年轻化的人才储备，业务合伙人均拥有开发或者运营精品大作的成功经验，拥有很强的技术开发能力和丰富的市场运作经验，特别是重视 AI 技术给游戏行业带来的颠覆性变革，组建了 AI 小组，积极布局 AI 相关技术应用，推动 AIGC（生成式人工智能）工具在各业务场景普及落地。

5. 专利权账面价值：9 家上市公司超 1000 万元

录得数据的 26 家重庆境内上市公司专利权账面价值共计 4.40 亿元。其中，在 5000 万元及以上的有 4 家，1000 万~5000 万（不含）元的有 5 家，1000 万元以下的有 17 家。从大类行业看，录得数据企业集中在医药制造业，铁路、船舶、航空航天和其他运输设备制造业，生态保护和环境治理业，汽车制造业，非金属矿物制品业。

具体来看，再升科技以 7912.32 万元排在第 1 位；其次为长安汽车，7842.69 万元；第 3 位为力帆科技，6906.88 万元。隆鑫通用、电科芯片、宗申动力、智飞生物、博腾股份、三峰环境、重庆钢铁分列第 4 位至第 10 位。

四　经营与盈利

（一）运营效率

1. 总资产周转率：20 家上市公司在 0.80 次以上

总资产周转率[①]是企业一定时期的销售收入净额与平均资产总额之比，是全部资产利用效率的代表指标，可以反映企业总资产的运营效率，促进企业提高资产利用效率。

截至 2022 年年末，重庆境内上市公司总资产周转率在 1.00 次及以上的有 7 家，占 10.00%；0.80~1.00（不含）次的有 13 家，占 18.57%；0.50~0.80（不含）次的有 13 家，占 18.57%；0.10~0.50（不含）次的有 33 家，占 47.14%；0.10 次以下的有 4 家，占 5.71%（见图 2-18）。

分门类行业看，批发和零售业总资产周转率最高，达 1.17 次；其次为制造业，0.82 次；第 3 位为建筑业，0.60 次（见图 2-19）。

总资产周转率 TOP10 企业所属大类行业包括废弃资源综合利用业，房地产业，批发业，酒、饮料和精制茶制造业，医药制造业，零售业，计算机、通信和其他电子设备制造业，造纸和纸制品业，铁路、船舶、航空航天和其他运输设备制造业。整体来看，批发和零售

---

① 总资产周转率计算公式：总资产周转率 = 营业收入 ÷[(期初资产总额 + 期末资产总额)÷2]。该指标越高，说明总资产利用率越高，管理水平越高，一般标准为 0.80 次。

业、制造业领域的资产投资与销售水平相对较高，特别是符合国家政策、发展战略的行业，整体销售水平与资产规模匹配度较高。如排在第 1 位的顺博合金抢抓绿色低碳循环发展机遇，积极与广大国内废铝回收渠道合作打造废铝回收供应链，有力保障原材料供应的稳定性和及时性；同时，克服市场环境变化造成的物流运输不畅、高温限电等诸多不利因素，做好区域市场拓展和渗透，实现销量同比增长。

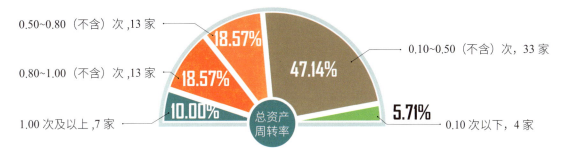

图 2-18　2022 年重庆境内上市公司总资产周转率分布情况

图 2-19　2022 年重庆境内上市公司各行业总资产周转率均值

63

2. 总资产净利率：具有技术属性的行业较高

总资产净利率①是公司运用全部资产所获得利润的水平，是衡量企业经营状况及经营能力的重要指标。2022 年，重庆 70 家境内上市公司整体的资产净利率为 0.57%。

具体来看，资产净利率在 20.00% 及以上的有 3 家，10.00%~20.00%（不含）的有 5 家，5.00%~10.00%（不含）的有 15 家，3.00%~5.00%（不含）的有 13 家，0~3.00%（不含）的有 18 家，−3.00%~0（不含）的有 7 家，−5.00%~−3.00%（不含）的有 3 家，−5.00% 以下的有 6 家。

分门类行业看，科学研究和技术服务业资产净利率最高，为 8.08%；其次为信息传输、软件和信息技术服务业，达 6.46%；制造业以 4.37% 的资产净利率排在第 3 位（见图 2-20）。从大类行业看，资产净利率 TOP10 企业主要集中在医药制造业、化学原料和化学制品制造业、造纸和纸制品业、食品制造业等领域。整体来看，在总体利润不高的情况下，战略性新兴产业、制造业等具有技术属性的行业经营能力相对较强。

图 2-20　2022 年重庆境内上市公司各行业资产净利率情况

---

① 总资产净利率是指公司净利润与平均资产总额的百分比。该指标反映的是公司运用全部资产所获得利润的水平，即公司每占用 1 元的资产平均能获得多少元的利润。该指标越高，表明公司投入产出水平越高，资产运营越有效，成本费用的控制水平越高。计算公式：总资产净利率 = 净利润 ÷ 平均资产总额 ×100%

3. 人均创收：中位数高于全国水平

2022 年，重庆境内上市公司人均创收在 500 万元及以上的有 6 家，占 8.57%；200 万~500 万（不含）元的有 15 家，占 21.43%；100 万~200 万（不含）元的有 23 家，占 32.86%；50 万~100 万（不含）元的有 19 家，占 27.14%；50 万元以下的有 7 家，占 10.00%。均值为 214.81 万元，较上年的 207.40 万元增长 3.57%；中位数为 123.14 万元，较上年的 125.86 万元减少 2.16%。与 A 股上市公司人均创收相比，平均值低于全国水平（240.14 万元）10.55%，中位数高于全国水平（111.73 万元）10.21%（见图 2-21）。

（单位：万元）

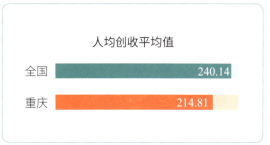 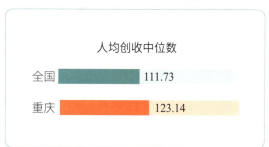

图 2-21　2022 年重庆境内上市公司与 A 股上市公司人均创收平均值、中位数

从人均创收增幅看，70 家境内上市公司实现正、负增长各占一半，正增长企业占比较上年（80.95%）减少。具体来看，增幅为 100.00% 及以上的有 2 家，分别为中交地产、欢瑞世纪；50.00%~100.00%（不含）的有 5 家，10.00%~50.00%（不含）的有 15 家，0~10.00%（不含）的有 13 家，−10.00%~0（不含）的有 20 家，−30.00%~−10.00%（不含）的有 13 家，−30.00% 以下的有 2 家。从排名看，中交地产、欢瑞世纪、金科股份位居前 3，分别为 379.76%、119.44%、81.81%（见图 2-22）。

分门类行业看，文化、体育和娱乐业的人均创收最高，达 480.81 万元；其次为建筑业，达 333.59 万元；批发和零售业居第 3 位，为 291.51 万元。从增幅看，文化、体育和娱乐业增幅最高，达 119.44%；水利、环境和公共设施管理业增长 30.07%；电力、热力、燃气及水生产和供应业增长 14.53%；制造业增长 7.42%；批发和零售业增长 6.57%；房地产业增长 3.28%（见表 2-11）。

图 2-22　2022 年重庆境内上市公司人均创收增幅 TOP 10

表 2-11　2021—2022 年重庆境内上市公司各行业人均创收情况

序号	门类行业	2022 年人均创收（万元）	2021 年人均创收（万元）	增幅（%）
1	文化、体育和娱乐业	480.81	219.11	119.44
2	建筑业	333.59	375.70	−11.21
3	批发和零售业	291.51	273.55	6.57
4	房地产业	242.40	234.71	3.28
5	电力、热力、燃气及水生产和供应业	240.20	209.72	14.53
6	制造业	200.32	186.48	7.42
7	金融业	195.70	220.07	−11.07
8	交通运输、仓储和邮政业	173.38	187.91	−7.73

序号	门类行业	2022 年人均创收（万元）	2021 年人均创收（万元）	增幅（%）
9	信息传输、软件和信息技术服务业	126.59	130.14	−2.73
10	科学研究和技术服务业	108.95	148.29	−26.53
11	采矿业	94.74	135.78	−30.23
12	水利、环境和公共设施管理业	73.62	56.60	30.07

分析发现，实体经济领域人均创收在逆势中实现增长。制造业企业员工总数、营业收入双增长，带动人均创收上升，表明其生产规模和销售效率持续提高，企业整体经营效果良好；文化、体育和娱乐业，水利、环境和公共设施管理业，电力、热力、燃气及水生产和供应业，批发和零售业人均创收实现增长与提高生产效率有一定关系；而房地产业则通过裁员和提升销售能力来提高人均创收。采矿业、科学研究和技术服务业由于员工数量的增加及营业收入的减少，人均创收出现较大幅度降低，分别达 −30.23%、−26.53%。

从人均薪酬增速与人均创收增速比较情况看，44 家上市公司人均薪酬增速高于人均创收增速，表明这部分上市公司劳动力成本上升的同时，销售和运营增速不及劳动力成本增速，企业经营压力较大。

4. 人均创利：金融业最高

2022 年，70 家重庆境内上市公司中，人均创利为正的有 54 家，为负的有 16 家。其中，人均创利在 100 万元及以上的有 2 家，占 2.86%；50 万 ~100 万（不含）元的有 5 家，占 7.14%；30 万 ~50 万（不含）元的有 3 家，占 4.29%；10 万 ~30 万（不含）元的有 17 家，占 24.29%；0~10 万（不含）元的有 27 家，占 38.57%；−10 万 ~0（不含）元的有 9 家，占 12.86%；−10 万元以下的有 7 家，占 10.00%（见图 2-23）。整体来看，重庆境内上市公司人均创利平均值为 5.74 万元，中位数为 6.92 万元，均低于全国平均水平（A 股人均创利平均值为 17.47 万元，中位数为 7.33 万元）（见图 2-24）。

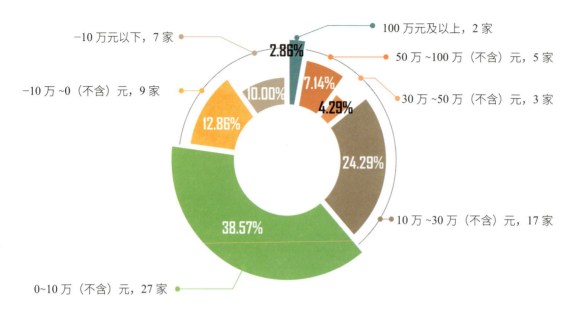

图 2-23　2022 年重庆境内上市公司人均创利分布情况

（单位：万元）

图 2-24　2022 年重庆境内上市公司人均创利 vs A 股上市公司人均创利

分行业看，金融业，信息传输、软件和信息技术服务业，电力、热力、燃气及水生产和供应业 3 个行业人均创利居前 3 位，分别为 68.35 万元、46.58 万元、28.45 万元。

从人均创利增长情况看，仅 27 家公司实现增长。行业方面，仅文化、体育和娱乐业，水利、环境和公共设施管理业，交通运输、仓储和邮政业 3 个行业的人均创利有所增长（见表 2-12）。整体来看，多数重庆境内上市公司人均创利能力有所减弱。

表 2-12　2021—2022 年重庆境内上市公司各行业人均创利情况

序号	门类行业	2022 年人均创利（万元）	2021 年人均创利（万元）	增幅（%）
1	金融业	68.35	69.32	−1.40
2	信息传输、软件和信息技术服务业	46.58	54.75	−14.92
3	电力、热力、燃气及水生产和供应业	28.45	30.13	−5.58
4	科学研究和技术服务业	20.78	26.24	−20.81
5	文化、体育和娱乐业	14.48	−188.52	107.68
6	采矿业	11.35	16.48	−31.13
7	制造业	10.71	12.37	−13.42
8	交通运输、仓储和邮政业	10.64	10.60	0.38
9	水利、环境和公共设施管理业	7.24	6.90	4.93
10	批发和零售业	5.86	6.22	−5.79
11	建筑业	−0.85	0.38	−323.68
12	房地产业	−48.43	2.07	−2439.61

5. 短期偿债能力：流动比率提升，超七成速动比率大于 1.00

截至 2022 年年末，除渝农商行、重庆银行外，共录得 68 家公司的流动比率[①]和速动比率[②]。

流动比率在 5.00 及以上的企业有 6 家，占 8.82%；3.00~5.00（不含）的有 7 家，占 10.29%；2.00~3.00（不含）的有 17 家，占 25.00%；1.00~2.00（不含）的有 26 家，占 38.24%；1.00 以下的有 12 家，占 17.65%。流动比率大于 2.00 的有 30 家，占 44.12%，较上年的 39.34% 有所增长（见图 2-25）。

---

① 流动比率是流动资产与流动负债的比率，用来衡量企业流动资产在短期债务到期以前可以变为现金用于偿还负债的能力。

② 速动比率是从流动资产中扣除存货部分，再除以流动负债的比值，是衡量企业流动资产中可以立即变现用于偿还流动负债的能力。

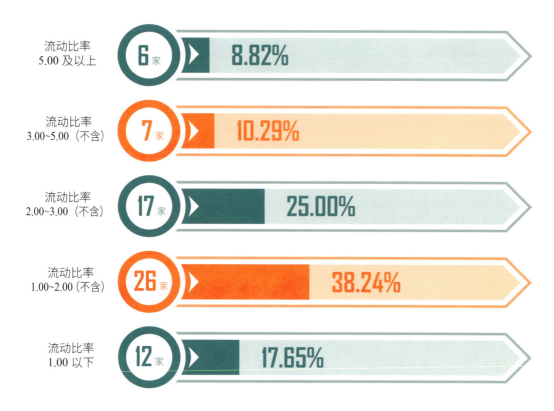

图 2-25　2022 年重庆境内上市公司流动比率分布情况

　　分行业看，文化、体育和娱乐业流动比率最高，为 2.67；其次为科学研究和技术服务业，为 2.50；第 3 位为交通运输、仓储和邮政业，为 1.98。

　　从速动比率看，在 5.00 及以上的有 5 家，占 7.35%；3.00~5.00（不含）的有 8 家，占 11.76%；2.00~3.00（不含）的有 10 家，占 14.71%；1.00~2.00（不含）的有 25 家，占 36.76%；1.00 以下的有 20 家，占 29.41%。速动比率大于 1.00 的有 48 家，占 70.59%，较上年的 67.21% 有所增加。

　　分行业看，科学研究和技术服务业，信息传输、软件和信息技术服务业，交通运输、仓储和邮政业的速动比率排名前 3，分别为 2.35、1.74、1.71。

　　整体来看，文化、体育和娱乐业，科学研究和技术服务业 2 个行业短期偿债能力较强。交通运输、仓储和邮政业，信息传输、软件和信息技术服务业，金融业，电力、热力、燃气及水生产和供应业，制造业，水利、环境和公共设施管理业速动比率均高于 1，资产变现能力较强，也具有较强的短期偿债能力（见图 2-26）。

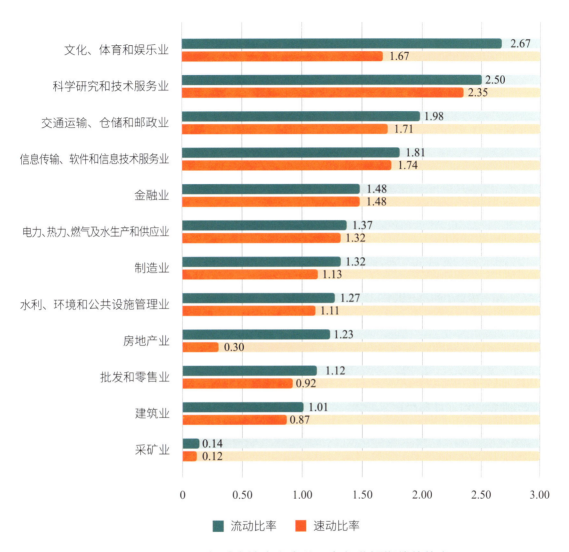

图 2-26 2022 年重庆境内上市公司各行业短期偿债能力

6. 长期偿债能力：超五成资产负债率适宜，近七成产权比率低于 1.00

截至 2022 年年末，除 2 家银行金融机构外，68 家非银行境内上市公司中，资产负债率[①]在 70% 及以上的有 11 家，占 16.18%；50%~70%（不含）的有 10 家，占 14.71%；30%~50%（不含）的有 26 家，占 38.24%；30% 以下的有 21 家，占 30.88%（见图 2-27）。

---

① 资产负债率又称举债经营比率，它是用以衡量企业利用债权人提供资金进行经营活动的能力，反映债权人发放贷款的安全程度的指标，是期末负债总额除以资产总额的百分比。

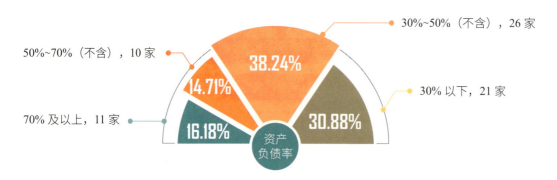

图 2-27　2022 年重庆境内上市公司（非银行）资产负债率分布情况

　　分行业看，建筑业、房地产业、批发和零售业资产负债率较高，分别为 87.51%、85.37%、73.96%，超过 70% 的警戒线。非银行金融业的资产负债率也较高，达 69.21%。资产负债率超过 70% 的上市公司均为房地产业、建筑业、制造业领域的企业。分析认为，上述行业资产负债率较高与行业属性有一定的关系，其中，建筑业、房地产业受宏观环境的影响，资金回流较慢，且资本性支出较大，叠加所在行业融资渠道受阻，债务比率较高。而制造业企业对流动资产需求较大。

　　从增长情况看，48.53% 的上市公司资产负债率有所增长，资产负债率上升的企业占比较上年更大。其中，2 家上市公司资产负债率上升超过 10%。

　　从产权比率[①]看，除 2 家银行金融机构外，68 家非银行境内上市公司中，产权比率在 2.00 及以上的有 13 家，占 19.12%；1.00~2.00（不含）的有 8 家，占 11.76%；低于 1.00 的有 47 家，占 69.12%（见图 2-28）。

图 2-28　2022 年重庆境内上市公司（非银行）产权比率分布情况

---

① 产权比率是负债总额与股东权益总额之比，也叫作债务权益比率，是评估资金结构合理性的一种指标，也是衡量长期偿债能力的指标之一。

分行业看，建筑业，房地产业，批发和零售业，金融业（非银行），采矿业，水利、环境和公共设施管理业的产权比率均高于 1.00，长期偿债能力较弱。文化、体育和娱乐业，科学研究和技术服务业，信息传输、软件和信息技术服务业的产权比率维持在较低水平（见图 2-29）。

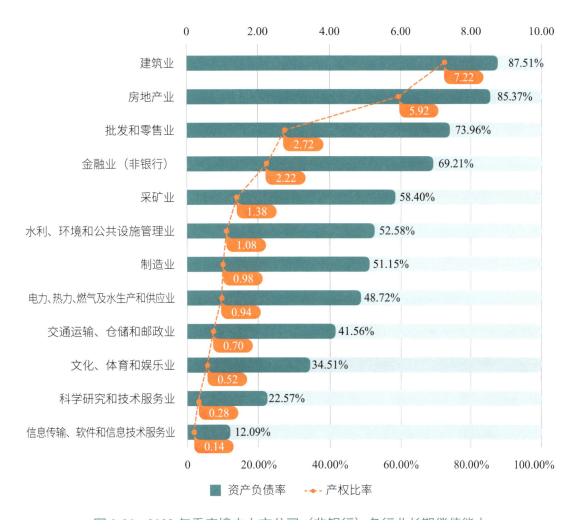

图 2-29　2022 年重庆境内上市公司（非银行）各行业长期偿债能力

整体来看，重庆境内上市公司中，超半数企业的资产负债率较为适宜，同时也有超三成的低于 30%，表明这部分企业财务实力较强，对负债资本的保障程度较高，但也表明其举债经营能力不足。产权比率方面，近七成的企业所有者权益能较好地覆盖负债总额，财务结构相对稳定，具备良好的长期偿债能力。也应该看到，建筑业、房地产业、批发和零售业的长期偿债能力有待增强。

7. 核心利润获现率：超五成经营活动变现能力增强

核心利润获现率①反映企业经营活动会计处理的利润数字转变为真金白银的能力。2022年，重庆境内上市公司核心利润获现率在 1.2 及以上的有 23 家，占 32.86%；0.5~1.2（不含）的有 17 家，占 24.29%；0~0.5（不含）的有 13 家，占 18.57%；0 以下的有 17 家，占 24.29%。与上年相比，37 家公司经营活动变现能力增强，33 家公司经营活动变现能力减弱。

分行业看，房地产业，交通运输、仓储和邮政业，采矿业，电力、热力、燃气及水生产和供应业，建筑业，水利、环境和公共设施管理业核心利润获现率均超过 1.00，表明上述行业经营活动变现能力较强。与上年比较，文化、体育和娱乐业，金融业，制造业，批发和零售业 4 个行业的经营变现能力减弱（见表 2-13）。分析认为，随着市场竞争的加剧，企业在不断提高产品质量的情况下，降低价格吸引更多客户，造成盈利率不高。同时，制造业领域原材料价格、员工薪酬上涨导致成本增加，也在一定程度上影响了企业盈利能力。此外，赊销、应收账款增加，导致企业经营现金流入减少。

表 2-13　2022 年重庆境内上市公司各行业核心利润获现率情况

序号	门类行业	2022 年核心利润获现率	较 2021 年变动情况
1	房地产业	21.95	20.99
2	交通运输、仓储和邮政业	15.05	10.04
3	采矿业	4.32	2.61
4	电力、热力、燃气及水生产和供应业	2.14	0.48
5	建筑业	2.07	3.25
6	水利、环境和公共设施管理业	1.68	0.05

① 核心利润获现率 = 经营活动产生的现金流量净额 ÷ 核心利润。一般来讲，核心利润获现率越高，经营活动利润的含金量越高，核心利润获现率在 1.2~1.5 较好。

序号	门类行业	2022 年核心利润获现率	较 2021 年变动情况
7	科学研究和技术服务业	0.77	0.03
8	制造业	0.76	−0.73
9	信息传输、软件和信息技术服务业	0.62	0.09
10	批发和零售业	0.55	−0.05
11	文化、体育和娱乐业	0.07	−4.07
12	金融业	−5.52	−2.21

（二）盈利能力

1. 毛利率：3 个行业连续两年位列前 3

毛利率[①]反映企业产品的市场竞争力。2022 年，67 家重庆境内上市公司（3 家金融业上市公司未录得数据）中，毛利率在 50% 及以上的有 9 家，占 13.43%；30%~50%（不含）的有 17 家，占 25.37%；10%~30%（不含）的有 28 家，占 41.79%；0~10%（不含）的有 11 家，占 16.42%；0 以下的有 2 家，占 2.99%。与上年相比，61.19% 的企业毛利率下降。

分行业看，信息传输、软件和信息技术服务业，科学研究和技术服务业，采矿业 3 个行业连续两年位列前 3，均超过 30%（见图 2-30）。从大类行业看，毛利率超过 50% 的企业中，医药制造业 4 家，道路运输、互联网和相关服务、批发、食品制造及酒、饮料和精制茶制造业各 1 家。分析认为，上述行业毛利率较高主要是因为相关企业生产的产品在所属领域具有较强的竞争力，如巨人网络、涪陵榨菜在细分领域均为龙头企业，且部分企业在行业中一定程度上处于垄断地位，或拥有较高的营销水平。

[①] 毛利率 =（营业收入 − 营业成本）÷ 营业收入。毛利率反映企业产品的市场竞争力，一般来讲，毛利率越高，产品的市场竞争力越强。

（单位：%）

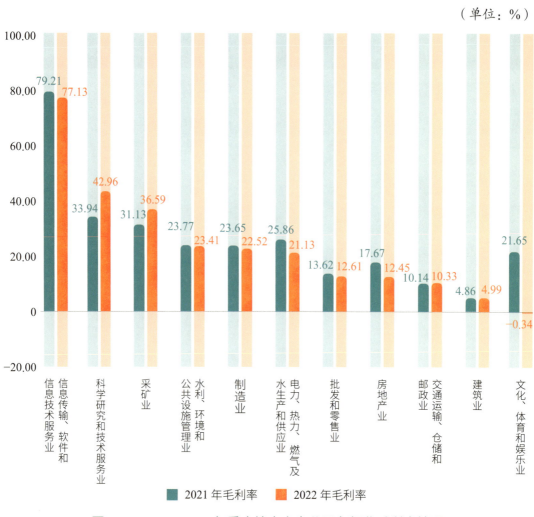

图 2-30　2021—2022 年重庆境内上市公司各行业毛利率情况

2. 核心利润率：细分领域的优势企业数值较高

核心利润率①是反映企业经营成果的一个关键指标。2022 年，重庆 70 家境内上市公司核心利润率在 20% 及以上的有 12 家，占 17.14%；15%~20%（不含）的有 9 家，占 12.86%；5%~15%（不含）的有 21 家，占 30.00%；5% 以下的有 28 家，占 40.00%。与上年相比，27 家有所增长，占比不足四成。

---

① 核心利润率＝核心利润÷营业收入。核心利润率剔除投资活动、政府补助等非经营活动的影响，反映企业经营活动的营利性。一般来讲，核心利润率越高，企业经营活动的营利性就越强。

分行业看，2022 年，信息传输、软件和信息技术服务业，科学研究和技术服务业 2 个行业核心利润率较高，均超过 20%，分别为 50.25%、29.22%。与上年相比，仅科学研究和技术服务业的核心利润率有所增长（见图 2-31）。在核心利润率超过 20% 的企业中，制造业有 7 家，信息传输、软件和信息技术服务业，科学研究和技术服务业，交通运输、仓储和邮政业，电力、热力、燃气及水生产和供应业，水利、环境和公共设施管理业各有 1 家。

（单位：%）

图 2-31　2021—2022 年重庆境内上市公司各行业核心利润率情况

重庆境内上市公司中，在细分领域具有一定优势或是行业龙头的企业的核心利润率较高，表明这部分企业竞争力较为强劲。但从全局来看，重庆境内上市公司核心利润率不高，特别是批发和零售业，建筑业，交通运输、仓储和邮政业，房地产业的上市公司核心竞争力有待加强。

3. 销售净利率：近半数上市公司持续增长

2022 年，重庆 70 家境内上市公司整体销售净利率①为 2.77%。具体来看，销售净利率在 30% 及以上的有 5 家，占 7.14%；20%~30%（不含）的有 4 家，占 5.71%；10%~20%（不含）的有 17 家，占 24.29%；0~10%（不含）的有 28 家，占 40.00%；0 以下的有 16 家，占 22.86%。70 家公司中，有 32 家销售净利率较上年增长，占 45.71%。

分行业看，2022 年，信息传输、软件和信息技术服务业的销售净利率最高，为 36.08%；其次是金融业，为 35.94%；第 3 位是科学研究和技术服务业，为 20.25%。文化、体育和娱乐业，金融业，科学研究和技术服务业，交通运输、仓储和邮政业 4 个行业的销售净利率较上一年有所增长（见表 2-14）。在销售净利率 TOP10 中（见图 2-32），制造业企业 3 家；金融业企业 2 家；交通运输、仓储和邮政业，信息传输、软件和信息技术服务业，电力、热力、燃气及水生产和供应业，科学研究和技术服务业，水利、环境和公共设施管理业企业各 1 家。

（单位：%）

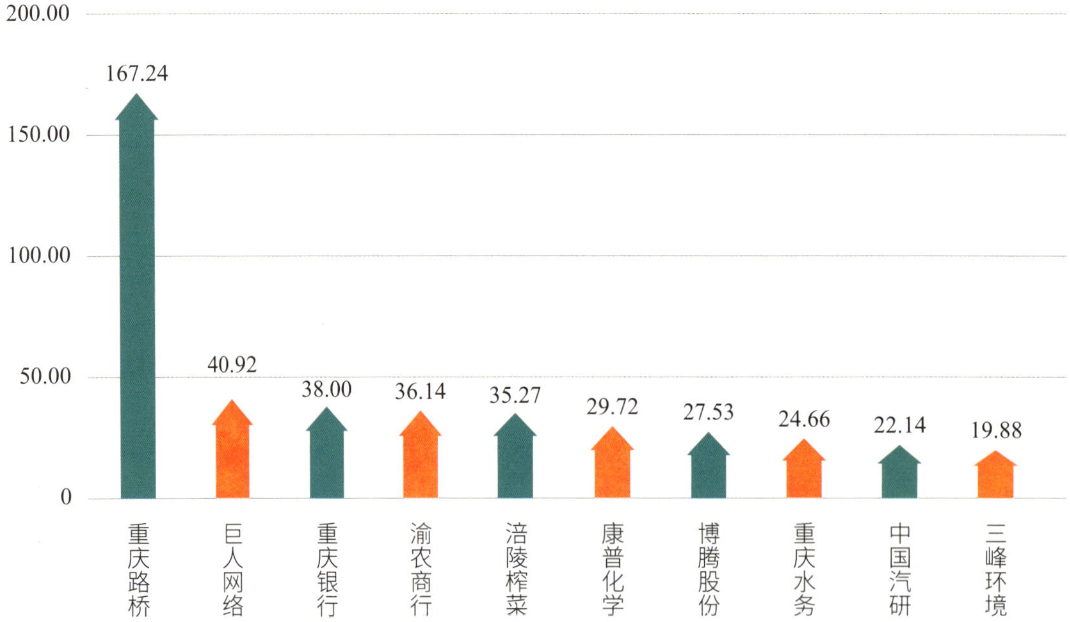

图 2-32　2022 年重庆境内上市公司销售净利率 TOP 10

---

① 销售净利率是企业净利润与销售额之间的比率。它是以销售收入为基础分析企业获利能力，反映销售收入收益水平的指标，即每元销售收入所获得的净利润计算公式为：（净利润÷销售收入）×100%。

表 2-14　2021—2022 年重庆境内上市公司各行业销售净利率情况

（单位：%）

序号	门类行业	2022 年销售净利率	2021 年销售净利率
1	信息传输、软件和信息技术服务业	36.08	41.82
2	金融业	35.94	32.20
3	科学研究和技术服务业	20.25	18.63
4	电力、热力、燃气及水生产和供应业	11.89	14.37
5	水利、环境和公共设施管理业	10.27	12.93
6	采矿业	10.02	11.00
7	交通运输、仓储和邮政业	6.79	6.20
8	制造业	5.49	6.79
9	批发和零售业	2.28	2.65
10	文化、体育和娱乐业	1.17	−87.37
11	建筑业	−0.15	0.11
12	房地产业	−20.45	3.20

　　整体来看，重庆境内上市公司中，销售净利率高（大于 20%）的企业占比少，企业的盈利能力有待提升。近半数企业销售净利率持续增长，这部分企业的财务状况较好。值得关注的是，销售净利率增长的 32 家企业中，仅 12 家营业收入、净利润增速同时增长，其财务状况逐步优化；12 家企业营业收入减少、净利润增加，表明其主营业务的销售创利能力需进一步提升。

（三）造血能力

1. 经营活动产生的现金流量净额：金融业均值最高

现金流量管理是现代企业管理的一项重要职能。建立完善的现金流量管理体系是确保企业的生存与发展、提高企业市场竞争力的重要保障。2022 年，重庆境内上市公司经营活动产生的现金流量净额总额为 1349.91 亿元。从分布看，在 100 亿元及以上的有 1 家，1.43%；50 亿~100 亿（不含）元的有 4 家，占 5.71%；20 亿~50 亿（不含）元的有 6 家，占 8.57%；10 亿~20 亿（不含）元的有 11 家，占 15.71%；0~10 亿（不含）元的有 41 家，占 58.57%；0 以下的有 7 家，占 10%。整体来看，重庆境内上市公司经营活动产生的现金流量净额多分布在 10 亿元以下。

分行业看，由于其行业属性，金融业，特别是以吸储、放贷为主要业务的银行金融机构，带动行业经营活动产生的现金流量净额均值达 263.94 亿元。其次是电力、热力、燃气及水生产和供应业，为 20.87 亿元；第 3 位是房地产业，为 18.87 亿元（见图 2-33）。

从企业发展情况看，70 家企业中，超过七成处于发展期，[①]这部分企业经营活动中大量资金回笼，同时为了扩大市场，企业大量追加投资，部分企业通过外部筹集资金补充现金流。四方新材、力帆科技、赛力斯由于企业转型升级，进入"再创业"阶段，导致本阶段投入大量资金，用于提升生产力、开拓市场。17.14% 的企业产品销售市场稳定，拥有稳定现金流入的同时，企业投入也进入回收期，开始偿还此前债务，以保持良好的资信，企业发展进入成熟期。此外，还有部分企业受经济环境或自身发展不足的影响，市场萎缩，经营活动现金流入小于流出，企业为了偿还债务不得不大规模收回投资以弥补现金流的不足。

---

① 企业发展分为初创期、发展期、成熟期、衰退期 4 个阶段。以企业的现金流量衡量企业成长情况时，初创期企业经营活动现金流量为负数，投资活动现金净流量为负数，筹资活动现金净流量为正数；发展期企业经营活动现金净流量为正数，投资活动现金净流量为负数，筹资活动现金净流量为正数；成熟期企业经营活动现金净流量为正数，投资活动现金净流量为正数，筹资活动现金净流量为负数；衰退期企业经营活动现金净流量为负数，投资活动现金净流量为正数，筹资活动现金净流量为负数。

（单位：亿元）

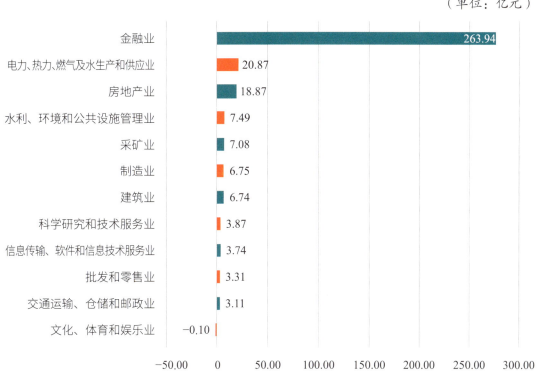

图 2-33　2022 年重庆境内上市公司各行业经营活动产生的现金流量净额均值情况

2. 投资活动情况：超八成上市公司追加投资

企业投资是指企业投入财力以期获取收益的一种行为。2022 年，重庆 70 家境内上市公司中，投资活动现金流为正数的企业（投资支出小于投资收入）为 12 家，占 17.14%，企业的投资进入回报期，且其投资活动产生的现金流量净额为正数，企业造血能力强劲；投资活动现金流为负数的企业有 58 家，占 82.86%，表明超八成的上市公司均处于为开拓市场、扩大生产规模或进行战略布局而追加投资的阶段。在 58 家投资活动现金流流出的上市公司中，流出 100 亿元及以上的有 2 家，30 亿~100 亿（不含）元的有 3 家，10 亿~30 亿（不含）元的有 9 家，5 亿~10 亿（不含）元的有 10 家，0~5 亿（不含）元的有 34 家。

战略性投资主要包括两点：一是用于产能的建设，如购建固定资产、无形资产和其他长期资产支付的现金；二是用于对外并购或企业战略性股权投资，为取得子公司及其他营业单位支付的现金净额。

从产能投资方面看，2022 年，重庆境内上市公司中购建固定资产、无形资产和其他长期资产支付的现金在 20 亿元及以上的有 4 家，占 5.71%；10 亿~20 亿（不含）元的有 6 家，占 8.57%；3 亿~10 亿（不含）元的有 15 家，占 21.43%；3 亿元以下的有 45 家，占 64.29%（见图 2-34）。70 家企业中，32 家购建固定资产、无形资产和其他长期资产支付的现金额在增加。

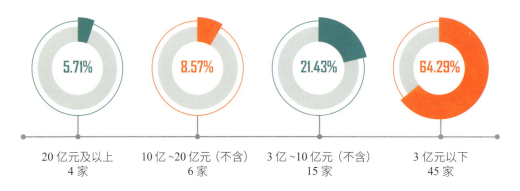

图 2-34　2022 年重庆境内上市公司产能投资分布情况

分门类行业看，采矿业产能投资平均值最高，为 14.53 亿元；房地产业，文化、体育和娱乐业分列第 2 位、第 3 位，分别为 13.37 亿元、11.01 亿元（见图 2-35）。

图 2-35　2022 年重庆境内上市公司各行业产能投资平均值

从对外并购或企业战略性股权投资方面看，2022 年录得 13 家上市公司的相关数据。其中，重庆百货最高，为 5.50 亿元；国城矿业、中交地产分列第 2 位、第 3 位，分别为 4.97 亿元、3.66 亿元（见图 2-36）；5 家企业取得子公司及其他营业单位支付的现金净额在 1 亿至 3 亿元，1 亿元以下的有 5 家。整体来看，对外并购或企业战略性股权投资主要为制造业、房地产业领域，有 4 家，包括房地产、汽车制造、医药制造等大类行业。

（单位：亿元）

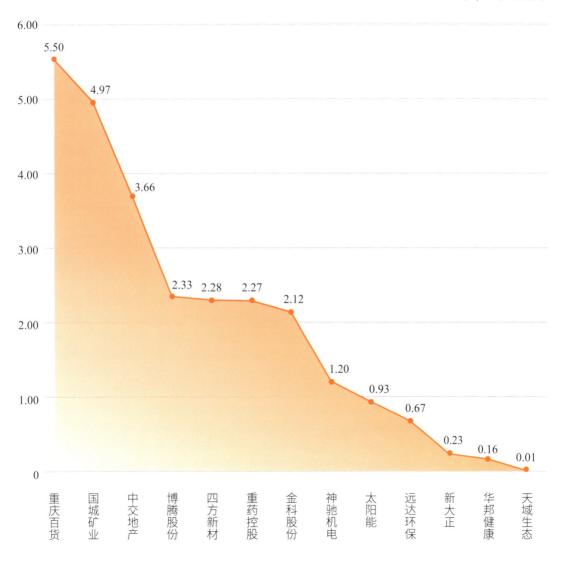

图 2-36　2022 年重庆境内上市公司对外并购或企业战略性股权投资情况

五　回报与贡献

（一）股东回报

1. 净资产收益率（ROE）：54 家上市公司为正

2022 年，共有 54 家重庆境内上市公司的净资产收益率为正。其中，20.00% 及以上的有 4 家，占 5.71%；10.00%~20.00%（不含）的有 16 家，占 22.86%；5.00%~10.00%（不含）的有 18 家，占 25.71%；0~5.00%（不含）的有 16 家，占 22.86%。16 家公司净资产收益率为负，占 22.86%（见图 2-37）。

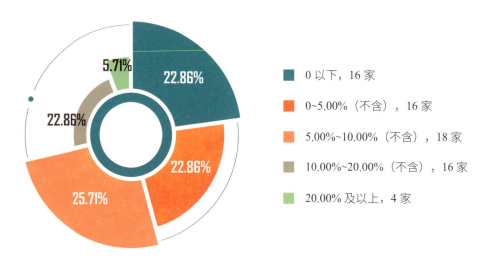

图 2-37　2022 年重庆境内上市公司净资产收益率分布情况

重庆啤酒以 66.32% 居首位；博腾股份以 40.17% 排在第 2 位；智飞生物以 35.99% 排在第 3 位；康普化学、新大正、望变电气、川仪股份、重庆百货、百亚股份、涪陵电力分列第 4 位至第 10 位。净资产收益率 TOP10 中，有 8 家与上年相同。整体来看，高于 15.00% 的有 9 家，占 12.86%。

分行业看，科学研究和技术服务业净资产收益率排在第 1 位，达 10.32%；其次是批发和零售业，为 9.40%；第 3 位是制造业，为 8.15%（见表 2-15）。

表 2-15　2022 年年末重庆境内上市公司各行业净资产收益率情况

序号	门类行业	净利润（亿元）	股东权益（亿元）	净资产收益率（%）
1	科学研究和技术服务业	7 .00	67.85	10.32
2	批发和零售业	19.76	210.18	9.40
3	制造业	196.74	2412.68	8.15
4	金融业	159.00	1976.99	8.04
5	电力、热力、燃气及水生产和供应业	48.03	610.25	7.87
6	信息传输、软件和信息技术服务业	8.71	127.57	6.83
7	水利、环境和公共设施管理业	11.05	169.80	6.51
8	采矿业	1.55	32.81	4.72
9	交通运输、仓储和邮政业	4 .00	124.41	3.22
10	文化、体育和娱乐业	0.08	15.09	0.53
11	建筑业	−0.75	103.64	−0.72
12	房地产业	−253.19	759.67	−33.33

2. 上市以来分红率：上市公司均超 10%

　　截至 2022 年年末，录得 57 家重庆境内上市公司上市以来的分红率数据。从分布情况看，分红率为 50% 及以上的有 14 家，占 24.56%；40%~50%（不含）的有 7 家，占 12.28%；30%~40%（不含）的有 13 家，占 22.81%；20%~30%（不含）的有 12 家，占 21.05%；10%~20%（不含）的有 11 家，占 19.30%（见图 2-38）。上市以来分红率主要分布在 20% 至 40%，中位数为 35.58%。

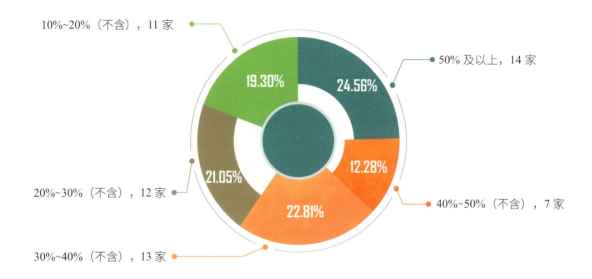

图 2-38 2022 年年末重庆境内上市公司上市以来分红率分布情况

从排名看，电科芯片以 1379.27% 居第 1 位；ST 三圣次之，为 204.53%；金科股份排在第 3 位，为 127.14%。迪马股份、秦安股份、重庆啤酒、重庆水务、有友食品、百亚股份、三羊马分列第 4 位至第 10 位。

3. 三年累计分红占比：超八成上市公司在 30% 以上

截至 2022 年年末，录得 52 家上市公司该项数据。其中，在 100% 及以上的有 11 家，50%~100%（不含）的有 24 家，30%~50%（不含）的有 8 家，30% 以下的有 9 家。

整体来看，达到上市公司再融资条件的有 43 家，占 82.69%，比例较 2021 年有所上升。

4. 年度累计分红总额：较上年增长 8.35%

2022 年，重庆 70 家境内上市公司中，47 家公司（48 只股票）披露年度分红方案，累计分红额 163.09 亿元，平均分红 3.47 亿元，较上年的平均分红 3.42 亿元增长 1.46%。分红总额占 47 家净利润的 30.68%。

具体来看，渝农商行以 30.82 亿元居第 1 位；其次为长安汽车，分红 23.42 亿元；第 3 位为重庆银行，分红 13.72 亿元；重庆水务、重庆啤酒、智飞生物、博腾股份、太阳能、华邦健康、秦安股份排名第 4 位至第 10 位（见表 2-16）。

表 2-16　2022 年重庆境内上市公司分红情况

序号	名称	每股派息（元）	基准股本（万股）	年度分红总额（亿元）	年度分红率（%）
1	渝农商行	0.2714	1135700.00	30.82	29.42
2	长安汽车 / 长安 B	0.2360	992179.94	23.42	30.23
3	重庆银行	0.3950	347454.83	13.72	26.82
4	重庆水务	0.2700	480000.00	12.96	67.55
5	重庆啤酒	2.6000	48397.12	12.58	48.64
6	智飞生物	0.5000	160000.00	8.00	10.61
7	博腾股份	1.1061	54393.27	6.02	31.07
8	太阳能	0.1280	390922.74	5.00	35.81
9	华邦健康	0.2200	197991.92	4.36	38.66
10	秦安股份	1.0000	42171.68	4.22	232.70
11	三峰环境	0.2220	167826.80	3.73	31.12
12	涪陵榨菜	0.3800	88763.00	3.37	37.53
13	巨人网络	0.1600	190056.20	3.04	36.47
14	中国汽研	0.3000	100484.78	3.01	41.38
15	三峡水利	0.1500	191214.29	2.87	61.02
16	宗申动力	0.2500	114502.69	2.86	70.52

序号	名称	每股派息（元）	基准股本（万股）	年度分红总额（亿元）	年度分红率（%）
17	重庆百货	0.6800	40079.84	2.73	30.13
18	川仪股份	0.6000	39495.00	2.37	40.78
19	重庆燃气	0.1290	157134.00	2.03	50.16
20	西南证券	0.0300	664510.91	1.99	65.21
21	涪陵电力	0.1800	91460.81	1.65	26.85
22	隆鑫通用	0.0800	205354.19	1.64	33.71
23	有友食品	0.4600	30821.88	1.42	92.30
24	百亚股份	0.3000	43033.03	1.29	69.08
25	重药控股	0.0600	174336.73	1.05	8.99
26	新大正	0.3000	22792.63	0.68	36.79
27	神驰机电	0.3000	20945.06	0.63	30.61
28	重庆路桥	0.0460	132902.51	0.61	30.13
29	望变电气	0.1800	33316.74	0.60	20.43
30	福安药业	0.0500	118971.24	0.59	29.62
31	重庆港	0.0400	118686.63	0.47	26.19
32	再升科技	0.0450	102160.22	0.46	29.74
33	重庆建工	0.0240	190178.82	0.46	28.51

序号	名称	每股派息（元）	基准股本（万股）	年度分红总额（亿元）	年度分红率（%）
34	瑜欣电子	0.5500	7340.00	0.40	61.53
35	国城矿业	0.0350	111764.79	0.39	25.16
36	蓝黛科技	0.0500	65718.31	0.33	16.76
37	华森制药	0.0700	41759.63	0.29	29.71
38	顺博合金	0.0500	43900.09	0.22	10.61
39	渝开发	0.0200	84377.10	0.17	10.77
40	长江材料	0.1000	10685.92	0.11	14.56
41	泓禧科技	0.1200	7400.72	0.09	26.99
42	正川股份	0.0600	15120.20	0.09	14.01
43	三羊马	0.1000	8004.00	0.08	50.99
44	紫建电子	0.1000	7080.32	0.07	16.92
45	渝三峡 A	0.0150	43359.22	0.07	12.40
46	中交地产	0.0100	69543.37	0.07	0.68
47	梅安森	0.0300	18811.22	0.06	15.26

从年度分红率看，超过 50% 的有 10 家，秦安股份、有友食品、宗申动力年度分红率位列前 3，分别为 232.70%、92.30%、70.52%。

整体来看，2022 年进行现金分红的境内上市公司数量与分红总额较上年（44 家、150.52 亿元）实现双增长。

（二）社会贡献

1. 税收贡献：支付的各项税费超 450 亿元

上市公司作为企业中的"优等生"，规模大、影响力强，为地方经济发展做出重要贡献。2022 年，重庆 70 家境内上市公司支付税费共计 453.12 亿元，同比减少 3.80%。

从分布看，支付税费在 50 亿元及以上的有 1 家，占 1.43%；10 亿 ~50 亿（不含）元的有 11 家，占 15.71%；5 亿 ~10 亿（不含）元的有 6 家，占 8.57%；1 亿 ~5 亿（不含）元的有 28 家，占 40.00%；0.5 亿 ~1 亿（不含）元的有 8 家，占 11.43%；0.5 亿元以下的有 16 家，占 22.86%（见图 2-39）。

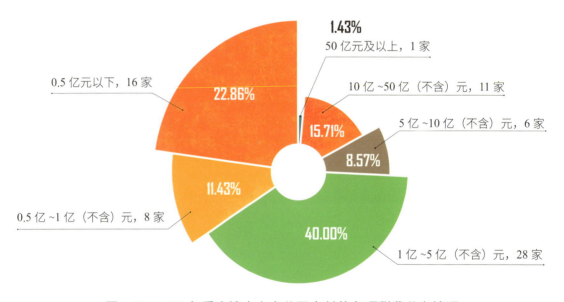

图 2-39　2022 年重庆境内上市公司支付的各项税费分布情况

从排名看，长安汽车、渝农商行、智飞生物排名前 3，分别为 86.05 亿元、41.91 亿元、32.75 亿元，重庆银行、金科股份、中交地产、重庆啤酒、赛力斯、重药控股、重庆建工分列第 4 位至第 10 位。

从增幅看，重庆境内上市公司支付的税费较上年增长的有 41 家，占 58.57%；其中，增长 100% 及以上的有 4 家，50%~100%（不含）的有 5 家，20%~50%（不含）的有 12 家，0~20%（不含）的有 20 家。较上年减少的有 29 家，占 41.43%。

2. 职工薪酬：48 家上市公司人均薪酬实现增长

2022 年，70 家境内上市公司应付职工薪酬合计（本期增加）616.98 亿元，较上年的 589.13 亿元增加 4.72%。平均值为 8.81 亿元。

从分布情况看，应付职工薪酬在 50 亿元及以上的有 3 家，占 4.29%；10 亿~50 亿（不含）元的有 16 家，占 22.86%；3 亿~10 亿（不含）元的有 17 家，占 24.29%；1 亿~3 亿（不含）元的有 22 家，占 31.43%；1 亿元以下的有 12 家，占 17.14%。

从人均薪酬看，70 家公司中，人均薪酬在 50 万元及以上的有 4 家，占 5.71%；20 万~50 万（不含）元的有 19 家，占 27.14%；10 万~20 万（不含）元的有 36 家，占 51.43%；5 万~10 万（不含）元的有 9 家，占 12.86%；5 万元以下的有 2 家，占 2.86%。

分行业看，文化、体育和娱乐业人均薪酬最高，达 48.55 万元；其次是信息传输、软件和信息技术服务业，达 44.32 万元；第 3 位是金融业，为 31.58 万元（见图 2-40）。

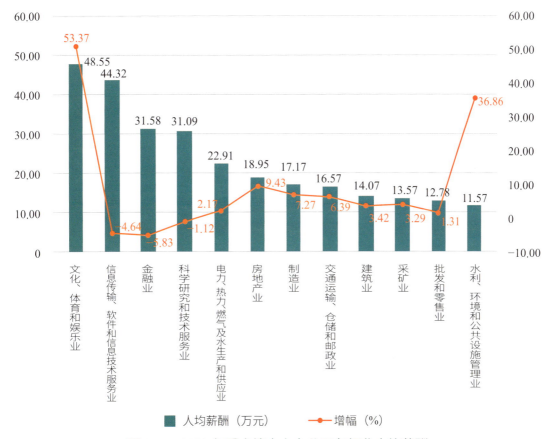

图 2-40　2022 年重庆境内上市公司各行业人均薪酬

从增长情况看，48 家上市公司人均薪酬较上年增长。其中，增幅 50% 及以上的有 3 家，20%~50%（不含）的有 6 家，10%~20%（不含）的有 11 家，0~10%（不含）的有 28 家。

整体来看，重庆境内上市公司职工薪酬呈增长趋势。分析认为，由于宏观环境的影响，许多企业都在精简人员，提高生产力。但 28 家上市公司人均职工薪酬增速小于营业收入增速，表明这部分上市公司的劳动力成本上升的同时，为企业带来可观的营业收入，较好的薪酬体系为企业带来较高的生产效率。但仍有近四成的上市公司劳动力成本增幅与营业收入增幅不匹配，人均薪酬增加未能给企业带来相应的营业收入增加。

3. 带动就业：近半数上市公司员工人数出现增长

截至 2022 年年末，70 家境内上市公司员工总数 33.92 万人，较上年的 34.37 万人（63 家上市公司）有所减少。

从分布情况看，员工总数在 20000 人及以上的有 2 家，占 2.86%；10000~20000（不含）人的有 7 家，占 10.00%；3000~10000（不含）人的有 20 家，占 28.57%；1000~3000（不含）人的有 21 家，占 30.00%；500~1000（不含）人的有 13 家，占 18.57%；500 人以下的有 7 家，占 10.00%。

从员工总数变化情况来看，在经济环境严峻的背景下，仍然有 34 家上市公司员工人数增长，占 48.57%。新大正、赛力斯、博腾股份、力帆科技员工人数较上年增加超 1000 人，分别为 3512 人、3251 人、1550 人、1029 人（见图 2-41）。

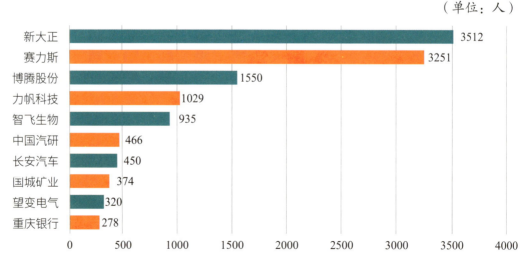

（单位：人）

图 2-41　2022 年重庆境内上市公司员工增加数量 TOP 10

4. 企业增加值：占重庆 GDP 比重为 4.95%

企业增加值[1]与地区 GDP 相对应，是企业在生产经营过程中所能够创造的附加值，是衡量企业价值创造的重要指标。2022 年，重庆 70 家境内上市公司增加值共计 1440.90 亿元，平均值 20.58 亿元，企业增加值占重庆 GDP 的 4.95%。上市公司企业增加值及占 GDP 比重均较上年下降。

具体来看，100 亿元及以上的有 3 家，占 4.29%；50 亿~100 亿（不含）元的有 3 家，占 4.29%；30 亿~50 亿（不含）元的有 8 家，占 11.43%；10 亿~30 亿（不含）元的有 16 家，占 22.86%；5 亿~10 亿（不含）元的有 10 家，占 14.29%；0~5 亿（不含）元的有 28 家，占 40.00%；企业增加值为负的有 2 家，占 2.86%（见图 2-42）。与上一年相比，32 家增加值有所增长。

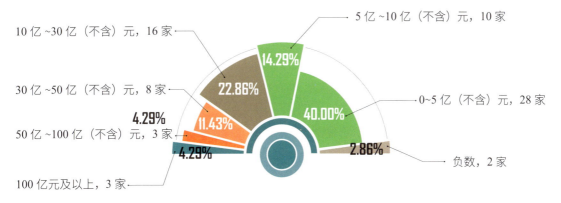

图 2-42　2022 年重庆境内上市公司企业增加值分布情况

从排名看，长安汽车以 286.87 亿元排名第 1，渝农商行以 204.76 亿元排名第 2，智飞生物以 124.21 亿元排名第 3，重庆银行、重庆啤酒、重庆水务、华邦健康、重药控股、中交地产、太阳能分列第 4 位至第 10 位。

从行业分布看，金融业，电力、热力、燃气及水生产和供应业，批发和零售业企业平均增加值排名前 3。文化、体育和娱乐业，制造业，电力、热力、燃气及水生产和供应业，采矿业，科学研究和技术服务业企业增加值较上一年增长（见图 2-43）。

---

[1] 按收入法计算的增加值计算公式为：企业增加值 = 固定资产折旧 + 劳动者报酬 + 生产税净额 + 营业盈余。报告用"固定资产折旧、油气资产折耗、生产性生物资产折旧"代替"固定资产折旧"，"应付职工薪酬合计：本期增加"代替"劳动者报酬"，"支付的各项税费"代替"生产税净额"，"净利润"代替"营业盈余"，并以此计算增加值。

（单位：亿元）

图 2-43　2021—2022 年重庆境内上市公司各行业企业增加值

03

第三章
重庆境外上市公司发展情况

境外上市有利于企业引进国际化治理理念和先进发展模式，进一步提升公司治理水平和经营效率，提高国际知名度和影响力。截至 2022 年年末，重庆共有 23 家境外上市公司。境外上市渝企通过加强公司治理，提升经营能力和盈利水平，推动企业高质量发展。

一　数量及结构

（一）数量：重庆境外上市公司共 23 家

2013—2022 年，重庆共新增境外上市公司 10 家，占境外上市公司总数的 43.48%。其中，2013 年、2014 年、2020 年、2022 年各新增 2 家，2017 年、2019 年各新增 1 家。截至 2022 年年末，重庆共有境外上市公司 23 家（见表 3-1）。

表 3-1　2022 年年末重庆境外上市公司一览

序号	证券代码	上市公司	上市日期	上市地点
1	6689.HK	洪九果品	2022-09-05	
2	2352.HK	东原仁知服务	2022-04-29	
3	9666.HK	金科服务	2020-11-17	
4	1569.HK	民生教育	2017-03-22	
5	6136.HK	康达环保	2014-07-04	
6	3903.HK	瀚华金控	2014-06-19	
7	1448.HK	福寿园	2013-12-19	港交所
8	1963.HK	重庆银行	2013-11-06	
9	3618.HK	重庆农村商业银行	2010-12-16	
10	0837.HK	谭木匠	2009-12-29	
11	0960.HK	龙湖集团	2009-11-19	
12	2722.HK	重庆机电	2008-06-13	

续表

序号	证券代码	上市公司	上市日期	上市地点
13	1292.HK	长安民生物流	2006-02-23	港交所
14	2310.HK	时代环球集团	2003-07-04	
15	1224.HK	中渝置地	1999-04-30	
16	1053.HK	重庆钢铁股份	1997-10-17	
17	1064.HK	中华国际	1997-10-13	
18	1122.HK	庆铃汽车股份	1994-08-17	
19	0668.HK	东银国际控股	1990-12-12	
20	5546.TW	永固-KY	2020-05-20	台交所
21	BTOG.O	BIT ORIGIN	2019-08-14	纳斯达克
22	DQ.N	大全新能源	2010-10-07	纽交所
23	5DM.SG	英利国际置业	2003-07-28	新交所

（二）上市目的地：港交所成为渝企境外上市主要渠道

重庆境外上市公司中，港交所成为主要目的地，共 19 家，占 82.61%；台交所、纳斯达克、纽交所、新交所各 1 家，分别占 4.35%。

分析认为，重庆境外上市公司大多选择在港交所上市，其原因有两方面：一是港交所是与内地联系最紧密的境外市场，香港的投资者对内地公司更了解，企业的投资价值可以更充分释放。同时，沪深港通的深度连接，为港交所带来广阔的内地资金支持，进一步提升股票流通性。二是港交所是全球较重要、较具影响力的交易所之一。重庆企业通过赴港上市，可以引进国际化的公司治理理念及运作模式，进一步提升公司的治理水平和经营效率，推动企业的高质量发展。

（三）行业分布：以传统行业为主，门类相对较为齐全

按所属证监会行业（门类行业）的标准，重庆境外上市公司涉及农、林、牧、渔业，制造业，电力、热力、燃气及水生产和供应业，房地产业，金融业，租赁和商务服务业，交通运输、仓储和邮政业，教育业，居民服务、修理和其他服务业 9 个行业。具体来看，制造业有 7 家，占 30.43%；房地产业有 6 家，占 26.09%；金融业有 4 家，占 17.39%；农、林、牧、渔业，电力、热力、燃气及水生产和供应业，租赁和商务服务业，交通运输、仓储和邮政业，居民服务、修理和其他服务业，教育业各 1 家，各占 4.35%（见图 3-1）。

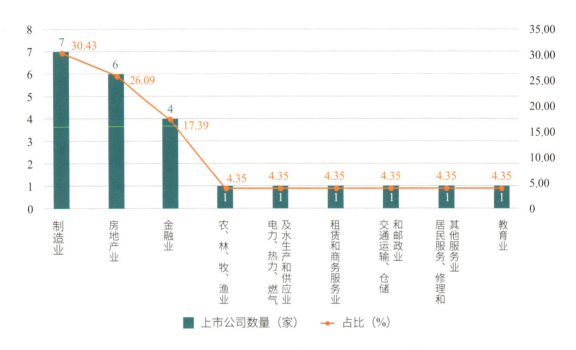

图 3-1　2022 年年末重庆境外上市公司所属行业情况

2022 年新增的 2 家境外上市公司分属房地产业和农、林、牧、渔业。值得一提的是，在全面推进乡村振兴的背景下，重庆持续推进农业产业发展，相关企业快速发展，实现上市零的突破。

整体来看，重庆境外上市公司所属行业情况与重庆培育高能级现代制造业集群体系及建设西部金融中心较为契合，智能汽车、装备制造、先进材料等战略性新兴产业以及金融业发展情况较好，国家重要先进制造业中心与西部金融中心建设取得初步成效。

（四）企业性质：超六成为民营上市公司

2022 年新增的 2 家境外上市公司均为民营企业，重庆境外民营上市公司增至 14 家，占 60.87%；此外，国有上市公司 6 家（中央 2 家、地方 4 家），占 26.09%；外资上市公司 3 家，占 13.04%（见图 3-2）。整体来看，重庆境外民营上市公司比重进一步提升，超过重庆境内上市公司（57.14%）3.73 个百分点。

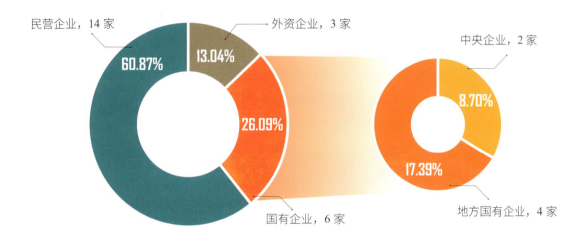

图 3-2　2022 年年末重庆境内上市公司企业性质分布情况

二　规模与实力

（一）市值：六成上市公司下降

截至 2022 年 12 月 30 日，重庆 23 家境外上市公司总市值 2836.52 亿元（将原始币种统一换算成人民币，下同），较 2021 年 12 月 31 日（3000.12 亿元）下降 5.45%。

从市值分布情况来看，1000 亿元及以上的有 1 家，占 4.35%；500 亿~1000 亿（不含）元的没有；100 亿~500 亿（不含）元的有 5 家，占 21.74%；50 亿~100 亿（不含）元的有 3 家，占 13.04%；10 亿~50 亿（不含）元的有 5 家，占 21.74%；1 亿~10 亿（不含）元的有 7 家，占 30.43%；1 亿元以下的有 2 家，占 8.70%。23 家境外上市公司中，最高市值为 1363.50 亿元，最低为 0.52 亿元，平均市值为 123.33 亿元，中位数为 18.87 亿元，市值分布整体较为分散。

从市值变化情况来看，除 2022 年新增的 2 家外，21 家境外上市公司中，有 8 家实现正增长，占 38.10%；13 家市值下降，占 61.90%（见表 3-2）。分析认为，市值下降的主要原因有两方面：一是全球通胀加剧，美联储和全球主要央行加速收紧货币政策，全球资本市场均呈现较大回撤；二是世界经济复苏承压，叠加贸易保护主义兴起，上市公司发展受到影响。

表 3-2　2022 年重庆境外上市公司市值变化情况

上市公司	2022 年 12 月 30 日市值（亿元）	2021 年 12 月 31 日市值（亿元）	增幅（%）
时代环球集团	0.86	0.64	33.53
中渝置地	67.63	55.23	22.44
福寿园	138.84	116.29	19.39
谭木匠	7.66	7.14	7.39
长安民生物流	2.68	2.50	6.94
重庆农村商业银行	270.87	257.21	5.31
大全新能源	200.35	191.53	4.60
重庆机电	20.41	20.18	1.10
重庆银行	126.32	126.70	−0.30
东银国际控股	2.15	2.29	−6.14
中华国际	0.52	0.61	−14.68

续表

上市公司	2022 年 12 月 30 日 市值（亿元）	2021 年 12 月 31 日 市值（亿元）	增幅 （%）
永固 -KY	8.89	11.03	-19.38
康达环保	11.09	13.82	-19.79
瀚华金控	15.20	19.93	-23.73
龙湖集团	1363.50	1822.65	-25.19
重庆钢铁股份	66.92	93.34	-28.30
庆铃汽车股份	22.17	32.07	-30.85
英利国际置业	5.04	8.20	-38.61
民生教育	18.84	32.42	-41.89
金科服务	79.89	181.21	-55.91
BIT ORIGIN	1.23	5.11	-75.86
洪九果品	400.79	—	—
东原仁知服务	4.67	—	—

（二）资产规模：连续三年持续增长

2020—2022 年，重庆境外上市公司资产规模稳步增长。2020 年，资产规模达 26437.06 亿元，同比增长 13.04%；2021 年，资产规模达 29575.80 亿元，同比增长 11.87%；2022 年，录得 21 家数据（永固 -KY、英利国际置业未录得数据，下同），资产规模共计 30475.35 亿元，同比增长 3.04%（见图 3-3）。

从资产规模分布情况来看，2022 年，5000 亿元及以上的有 3 家，占 13.04%；500 亿 ~5000 亿（不含）元的有 1 家，占 4.35%；100 亿 ~500 亿（不含）元的有 7 家，占 30.43%；10 亿 ~100 亿（不含）元的有 6 家，占 26.09%；10 亿元以下的有 4 家，占

17.39%。资产规模最高值为 13523.01 亿元，最低值为 1.23 亿元，平均值为 1451.21 亿元，中位数为 103.49 亿元。

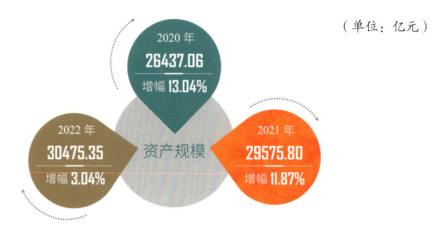

（单位：亿元）

图 3-3　2020—2022 年重庆境外上市公司资产规模情况

分行业看，金融业资产规模位居第 1，共计 20493.95 亿元，占 67.25%；房地产次之，为 8237.38 亿元，占 27.03%；制造业第 3，为 1208.62 亿元，占 3.97%（见表 3-3）。

表 3-3　2022 年年末重庆境外上市公司各行业资产规模情况

序号	门类行业	资产规模（亿元）	占比（%）
1	金融业	20493.95	67.25
2	房地产业	8237.38	27.03
3	制造业	1208.62	3.97
4	电力、热力、燃气及水生产和供应业	189.66	0.62
5	农林牧渔业	97.63	0.32
6	居民服务、修理和其他服务业	78.16	0.26
7	交通运输、仓储和邮政业	49.16	0.16
8	租赁和商务服务业	1.23	0.004

（三）营业收入：马太效应进一步凸显

2022 年，在世界经济下行压力加大的背景下，重庆境外上市公司顶住压力，坚定发展信心，聚焦主责主业，推动实现高质量发展。从录得 21 家上市公司的数据看，营业收入共 3989.41 亿元，同比增长 13.89%。

从排名看，龙湖集团营业收入遥遥领先，为 2508.65 亿元，也是唯一 1 家营业收入超千亿元的上市公司。重庆钢铁股份位居第 2 位，为 365.62 亿元；大全新能源以 320.95 亿元居第 3 位。第 4 位至第 10 位分别为重庆农村商业银行、洪九果品、重庆银行、长安民生物流、重庆机电、金科服务、庆铃汽车股份（见图 3-4）。前 10 位营业收入共计 3886.86 亿元，占总营业收入比例达 97.43%，较上年提升 1.11 个百分点，重庆境外上市公司营业收入马太效应进一步凸显。

（单位：亿元）

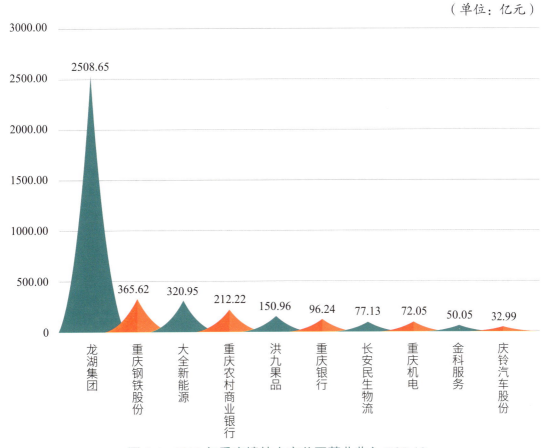

图 3-4　2022 年重庆境外上市公司营业收入 TOP 10

（四）利润情况：较上年增长

从营业利润来看，2022 年录得数据的 21 家公司营业利润共计 796.21 亿元，同比增长 9.20%。其中，14 家实现盈利，7 家出现亏损。

分门类行业看，房地产业营业利润平均值最高，为 75.70 亿元；金融业次之，为 43.77 亿元；制造业居第 3 位，为 33.55 亿元；农、林、牧、渔业，居民服务、修理和其他服务业，电力、热力、燃气及水生产和供应业，教育业，交通运输、仓储和邮政业，租赁和商务服务业分别为 17.11 亿元、10.53 亿元、8.93 亿元、4.71 亿元、0.27 亿元、−0.23 亿元（见图 3-5）。

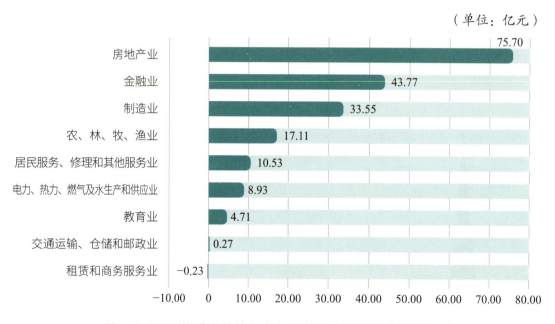

（单位：亿元）

图 3-5　2022 年重庆境外上市公司各行业平均营业利润情况

从净利润来看，录得 21 家上市公司的净利润共计 509.73 亿元，同比增长 3.42%。其中 15 家实现盈利，占 71.43%。净利润在 100 亿元及以上的有 3 家，占 14.29%；50 亿~100 亿（不含）元的无；10 亿~50 亿（不含）元的有 2 家，占 9.52%；1 亿~10 亿（不含）元的有 5 家，占 23.81%；0~1 亿（不含）元的有 5 家，占 23.81%；6 家出现亏损，占 28.57%（见图 3-6）。平均净利润为 24.27 亿元，中位数为 0.91 亿元。

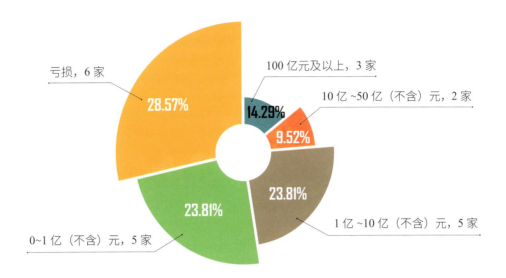

图 3-6　2022 年重庆境外上市公司净利润分布情况

（五）研发费用：制造业加大投入

2022 年，录得 4 家境外上市公司研发费用数据，共 6.81 亿元，同比下降 4.22%。分门类行业看，4 家企业均属于制造业（见图 3-7）。近年来，重庆加快打造国家重要先进制造业中心，出台多项政策支持传统制造业企业转型升级。重庆境外上市公司积极响应，持续加大研发投入，激发企业创新活力，为企业转型升级和高质量发展蓄势聚能。

图 3-7　2022 年重庆境外上市公司研发费用情况

三 成长与创新

（一）成长能力

1. 营业收入增速：9 家实现正增长

2022 年，录得的 21 家重庆境外上市公司数据中，共有 9 家营业收入实现正增长，占 42.86%。其中，大全新能源增幅最高，达 199.86%，其年报显示系多晶硅价格上涨所致。此外，洪九果品、时代环球集团、长安民生物流 3 家营业收入增幅均超过 20%。

从分布情况来看，营业收入增幅在 50% 及以上的有 1 家，占 4.76%；20%~50%（不含）的有 3 家，占 14.29%；0~20%（不含）的有 5 家，占 23.81%；−20%~0（不含）的有 8 家，占 38.10%；−20% 以下的有 4 家，占 19.05%。

从企业性质看，外资上市公司营业收入总额 343.74 亿元，同比增长 161.88%；民营上市公司营业收入总额 2789.42 亿元，同比增长 11.99%；国有上市公司营业收入总额 856.25 亿元，同比下降 2.78%（见图 3-8）。

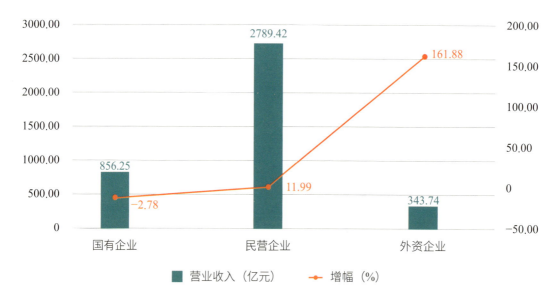

图 3-8 2022 年重庆境外上市公司营业收入增幅情况（按企业性质划分）

整体来看，重庆境外上市公司营业收入实现增长的企业较上年（17家）大幅下降。分析认为，主要原因在于地缘政治冲突、贸易保护主义兴起，叠加新冠疫情反复导致产业链供应链受挫，市场主体尤其是民营企业发展受到严重影响。

分门类行业看，2022年，农、林、牧、渔业营业收入总额150.96亿元，同比增长46.79%；租赁和商务服务业0.86亿元，同比增长34.29%；交通运输、仓储和邮政业77.13亿元，同比增长27.79%；制造业795.17亿元，同比增长23.88%；房地产业2576.86亿元，同比增长11.24%；金融业313.53亿元，同比增长3.42%。此外，电力、热力、燃气及水生产和供应业，教育业，居民服务、修理和其他服务业营业收入分别为29.02亿元、23.95亿元、21.93亿元，分别同比下降0.73%、2.37%、7.01%（见表3-4）。

表3-4 2022年重庆境外上市公司各行业营业收入增幅情况

序号	门类行业	营业收入（亿元）	增幅（%）
1	农、林、牧、渔业	150.96	46.79
2	租赁和商务服务业	0.86	34.29
3	交通运输、仓储和邮政业	77.13	27.79
4	制造业	795.17	23.88
5	房地产业	2576.86	11.24
6	金融业	313.53	3.42
7	电力、热力、燃气及水生产和供应业	29.02	−0.73
8	教育业	23.95	−2.37
9	居民服务、修理和其他服务业	21.93	−7.01

2. 净利润增速：农、林、牧、渔业增幅近 4 倍

2022 年，录得数据的 21 家重庆境外上市公司中，有 8 家实现净利润正增长，占 38.10%。其中，增幅在 100% 及以上的有 3 家，占 14.29%，BIT ORIGIN 成功实现扭亏为盈；10%~100%（不含）的有 1 家，占 4.76%；0~10%（不含）的有 4 家，占 19.05%。13 家净利润下降，占 61.90%。其中，增幅在 −10%~0（不含）的有 2 家，占 9.52%；−100%~−10%（不含）的有 6 家，占 28.57%；−100% 以下的有 5 家，占 23.81%。

分门类行业看，农、林、牧、渔业，制造业，交通运输、仓储和邮政业，金融业净利润均实现正增长，其中农、林、牧、渔业增幅最高，达 397.95%。租赁和商务服务业，电力、热力、燃气及水生产和供应业，房地产业，教育业，居民服务、修理和其他服务业出现负增长，其中租赁和商务服务业降幅最大，下降 47.91%（见表 3-5）。分析认为，由于服务业行业属于聚集性、接触性行业，受疫情反复影响更大，企业经营成本增加，业务需求不足，导致净利润大幅下降。

表 3-5　2022 年重庆境外上市公司各行业净利润增幅情况

序号	门类行业	净利润（亿元）	增幅 (%)
1	农、林、牧、渔业	14.52	397.95
2	制造业	120.79	61.46
3	交通运输、仓储和邮政业	0.38	32.02
4	金融业	151.40	5.55
5	居民服务、修理和其他服务业	6.59	−8.53
6	教育业	4.90	−15.05
7	房地产业	209.04	−17.85
8	电力、热力、燃气及水生产和供应业	2.36	−42.90
9	租赁和商务服务业	−0.25	−47.91

（二）创新能力

1. 研发费用与营业收入比例：正负增长各占一半

2022 年，录得 4 家境外上市公司研发费用与营业收入比例数据，平均为 0.86%。庆铃汽车股份最高，为 7.37%；重庆机电 4.76%，大全新能源 0.22%，重庆钢铁股份 0.07%。

从研发费用与营业收入比例增幅来看，2 家企业实现正增长。重庆钢铁股份增幅最高，达 133.33%；庆铃汽车股份增长 46.52%。在营业收入下降的情况下，重庆钢铁股份进一步加大研发投入，致使其研发费用与营业收入比例大幅增长。2 家出现下降，重庆机电、大全新能源分别下降 8.46%、43.59%（见表 3-6），大全新能源研发费用占营业收入比例下降主要是因为研发费用的增幅远低于营业收入的增幅。

表 3-6　2022 年重庆境外上市公司研发费用与营业收入比例增幅情况

上市公司	2022 年研发费用 与营业收入比例（%）	2021 年研发费用 与营业收入比例（%）	增幅 （%）
庆铃汽车股份	7.37	5.03	46.52
重庆机电	4.76	5.20	−8.46
大全新能源	0.22	0.39	−43.59
重庆钢铁股份	0.07	0.03	133.33

整体来看，在实施国有企业改革三年行动背景下，重庆境外国有上市公司深入贯彻创新驱动发展战略，坚持把科技创新摆在突出位置，不断加大研发投入，加快企业转型升级，通过改革创新、转型赋能，激发企业发展活力，提升企业发展动力。

2. 研发费用增长率：重庆钢铁股份增长超 100%

从研发费用增长情况看，2 家实现正增长。其中，大全新能源增幅为 70.73%，重庆钢铁股份增幅达 108.33%。其年报显示，重庆钢铁股份研发费用增加的原因是研发项目增加。2 家出现下降。其中，庆铃汽车股份下降 10.00%，重庆机电下降 10.91%（见图 3-9）。

图 3-9　2022 年重庆境外上市公司研发费用增长情况

四　经营与盈利

（一）运营效率

1. 总资产周转率：新增上市公司均在 1.00 次以上

截至 2022 年年末，录得 21 家重庆境外上市公司总资产周转率数据。其中，1.00 次及以上的有 3 家，占 14.29%；0.50~1.00（不含）次的有 4 家，占 19.05%；0.10~0.50（不含）次的有 8 家，占 38.10%；0.10 次以下的有 6 家，占 28.57%。总资产周转率平均值为 0.13 次，中位数为 0.30 次。值得一提的是，2022 年新增的 2 家上市公司的总资产周转率均在 1.00 次以上，资产营运能力较强。作为我国最大的水果分销商，洪九果品强化"端到端"数字化供应链建设，在全国设立了 23 家销售分公司及 60 个分拣中心，覆盖超过 300 个城市，推动水果销售量快速增长，总资产周转率以 1.95 次居首。

2020—2022 年，总资产周转率连续 3 年上升的有 5 家，占比 23.81%（见图 3-10）；连续下降的有 4 家，占比 19.05%。

图 3-10　2020—2022 年总资产周转率连续上升的重庆境外上市公司一览

分门类行业看，农、林、牧、渔业最高，为 1.95 次；交通运输、仓储和邮政业次之，为 1.70 次；制造业居第 3 位，为 0.74 次（见图 3-11）。金融业资产规模较大，但总资产周转率最低，仅为 0.02 次，说明金融业营业收入水平与庞大的资产规模相比仍有一定差距。

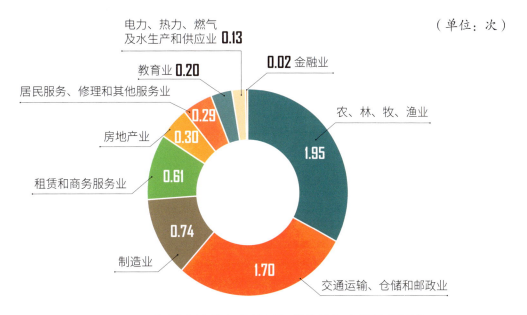

图 3-11　2022 年重庆境外上市公司各行业总资产周转率情况

2. 总资产净利率：整体呈金字塔结构

截至 2022 年年末，录得的 21 家重庆境外上市公司数据中，15 家总资产净利率为正，占 71.43%，较上年减少 19.05 个百分点；平均值为 2.64%；中位数为 0.85%。

从分布情况来看，总资产净利率在 10% 及以上的有 3 家，占 14.29%；5%~10%（不含）的有 3 家，占 14.29%；1%~5%（不含）的有 4 家，占 19.05%；0~1%（不含）的有 5 家，占 23.81%；总资产净利率为负的有 6 家，占 28.57%（见图 3-12）。整体来看，重庆境外上市公司总资产净利率呈金字塔分布。

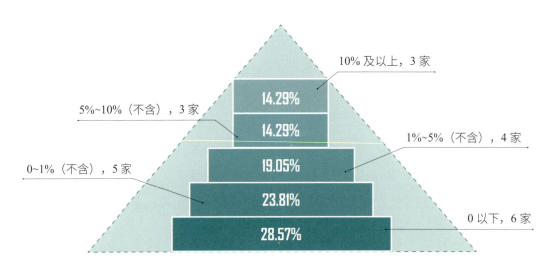

图 3-12　2022 年重庆境外上市公司总资产净利率分布情况

从排名来看，大全新能源总资产净利率最高，为 33.28%；洪九果品位居第 2 位，为 18.72%；谭木匠以 13.49% 位居第 3 位。第 4 位至第 10 位分别为福寿园 8.65%、BIT ORIGIN8.54%、东原仁知服务 8.15%、民生教育 4.19%、龙湖集团 2.93%、重庆机电 1.83%、康达环保 1.27%。"双碳"目标给多晶硅市场带来旺盛的需求，而阶段性的供需不匹配导致多晶硅价格持续上涨。大全新能源作为领先的多晶硅制造企业，全面实施有效成本控制，在产品持续上涨的背景下，投入产出水平进一步提升，总资产净利率持续维持仕高位。

从增幅来看，录得的 21 家重庆境外上市公司数据中，仅 6 家总资产净利率实现正增长，占比不到三成，为 28.57%，其中 2 家增幅超过 100%；15 家出现下降，占 71.43%，其中 5 家降幅超过 100%。

3. 人均创收：1/3 的上市公司实现增长

2022 年共录得 21 家重庆境外上市公司人均创收数据。其中，人均创收在 500 万元及以上的有 4 家，占 19.05%；100 万 ~500 万（不含）元的有 7 家，占 33.33%；50 万 ~100 万（不含）元的有 3 家，占 14.29%；10 万 ~50 万（不含）元的有 6 家，占 28.57%；10 万元以下的有 1 家，占 4.76%。人均创收为 356.79 万元，较上年（288.52 万元）增加 68.27 万元；中位数为 115.92 万元，较上年（132.83 万元）降低 16.91 万元。

从排名来看，龙湖集团人均创收最高，为 794.76 万元；大全新能源紧随其后，为 783.00 万元；重庆钢铁股份排在第 3 位，为 588.28 万元；洪九果品、中渝置地、东银国际控股、重庆银行、长安民生物流、重庆农村商业银行、康达环保分列第 4 位至第 10 位，均超 100 万元（见图 3-13）。值得一提的是，前 10 位中，金融业占 3 席，表明在重庆建设西部金融中心的背景下，重庆金融机构加大人才培养力度，加快数字化转型，进一步提高了人均效能。

（单位：万元）

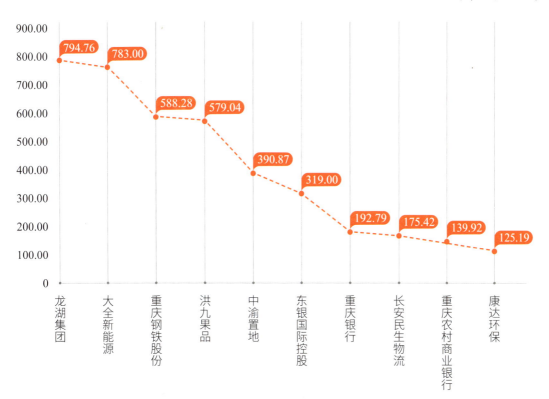

图 3-13　2022 年重庆境外上市公司人均创收 TOP 10

从增幅看，有 7 家公司人均创收实现增长，占 33.33%。其中，大全新能源增幅最高，为 75.50%；龙湖集团、洪九果品、长安民生物流、时代环球集团 4 家上市公司人均创收增幅均超 30%，高于整体平均增长水平。

分门类行业来看，农、林、牧、渔业人均创收 579.04 万元，房地产业 532.89 万元，制造业 361.84 万元，交通运输、仓储和邮政业 175.42 万元，金融业 148.57 万元，电力、热力、燃气及水生产和供应业 125.19 万元，居民服务、修理和其他服务业 91.33 万元，教育业 31.94 万元，租赁和商务服务业 26.45 万元（见图 3-14）。

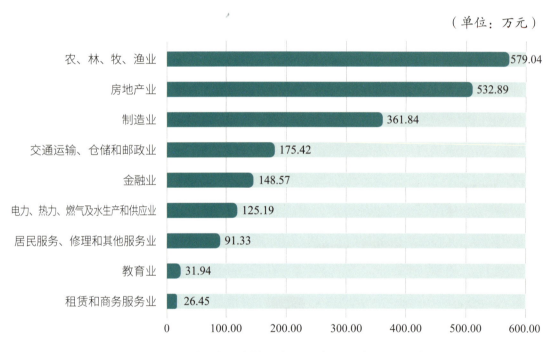

图 3-14　2022 年重庆境外上市公司各行业人均创收情况

4. 人均创收增速与人均薪酬增速比较：5 家通过薪酬激励机制提升人均效能

除重庆机电、大全新能源、BIT ORIGIN、永固 –KY、英利国际置业外，共录得 18 家公司 2021—2022 年人均薪酬数据。

从人均薪酬增速与人均创收增速对比情况看，有 6 家公司实现人均创收增长，其中 5 家人均薪酬增速低于人均创收增速，表明这部分上市公司通过薪酬激励机制，有效提高了人均效能，为企业创造出更大价值。

值得一提的是，龙湖集团在人均薪酬下降的情况下，实现了人均创收大幅增长。分析认为，其原因在于：通过不断提高企业运营效率，提升员工销售能力，提高营业收入；同时，精减员工数量，降低企业劳动力成本。

在人均创收出现下降的 12 家公司中，有 9 家增加了员工薪酬，表明其虽然提升了员工薪酬，但人均效能并未相应提高（见表 3-7）。

表 3-7　2022 年重庆境外上市公司人均创收增幅与人均薪酬增幅比较

（单位：%）

上市公司	人均创收增幅	人均薪酬增幅	比较情况
龙湖集团	56.40	−4.67	61.07
洪九果品	39.24	11.24	28.00
长安民生物流	36.37	5.82	30.55
时代环球集团	33.88	27.34	6.54
重庆农村商业银行	5.34	0.79	4.55
康达环保	3.90	8.57	−4.67
重庆钢铁股份	−0.59	27.05	−27.64
谭木匠	−1.00	−7.36	6.36
民生教育	−2.76	45.13	−47.89
福寿园	−4.57	1.31	−5.88
重庆银行	−5.40	1.48	−6.88
东原仁知服务	−10.67	0.65	−11.32

上市公司	人均创收增幅	人均薪酬增幅	比较情况
中渝置地	−10.75	8.91	−19.66
东银国际控股	−17.09	0.64	−17.73
金科服务	−19.75	27.26	−47.01
瀚华金控	−36.23	−3.15	−33.08
庆铃汽车股份	−36.64	−2.67	−33.97
中华国际	−41.93	13.55	−55.48

整体来看，共 12 家上市公司人均薪酬增速高于人均创收增速，占 66.67%。这表明，在劳动力成本上升的同时，销售和运营增速不及劳动力成本增速，企业经营压力较大。

5. 人均创利：均值较上年提高 5.00 万元

2022 年共录得 21 家重庆境外上市公司人均创利数据。其中 15 家为正，占 71.43%。人均创利在 100 万元及以上的有 1 家，占 4.76%；50 万 ~100 万（不含）元的有 5 家，占 23.81%；10 万 ~50 万（不含）元的有 3 家，占 14.29%；0~10 万（不含）元的有 6 家，占 28.57%；为负的有 6 家，占 28.57%（见图 3-15）。整体来看，人均创利 45.59 万元，较上年（40.59 万元）提高 5.00 万元；中位数为 6.53 万元，较上年（11.79 万元）下降 5.26 万元。

从排名来看，大全新能源居首，为 309.20 万元，也是唯一 1 家人均创利超 100 万元的企业，重庆银行、BIT ORIGIN 分别以 97.51 万元、90.59 万元位列第 2 位、第 3 位，第 4 位至第 10 位依次为龙湖集团、重庆农村商业银行、洪九果品、福寿园、谭木匠、康达环保、中华国际。

人均创收与人均创利均居前 10 位的有大全新能源、龙湖集团、洪九果品、重庆银行、重庆农村商业银行、康达环保这 6 家企业，说明其人均创收和人均创利能力均较强，人均效能较高。但也有部分人均创收较高的重庆境外上市公司，其人均创利相对较低。如人均创收排名前列的中渝置地，其人均创利却为 −1520.39 万元。中渝置地表示，主要是对非现金及未变现项目的亏损拨备造成企业亏损，对人均创利造成一定影响。

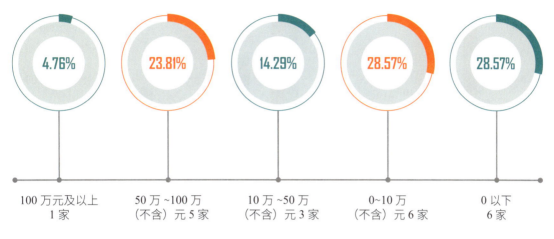

图 3-15　2022 年重庆境外上市公司人均创利分布情况

从增幅来看，有 7 家上市公司人均创利实现增长，占 33.33%。其中，增幅在 100% 及以上的有 2 家，50%~100%（不含）的有 1 家，10%~50%（不含）的有 2 家，0~10%（不含）的有 2 家。14 家出现下降，其中 −10%~0（不含）的有 3 家，−50%~−10%（不含）的有 5 家，−50% 以下的有 6 家。

分门类行业看，金融业人均创利 71.74 万元，农、林、牧、渔业 55.70 万元，制造业 54.97 万元，房地产业 42.50 万元，居民服务、修理和其他服务业 27.43 万元，电力、热力、燃气及水生产和供应业 10.17 万元，教育业 6.53 万元，交通运输、仓储和邮政业 0.88 万元，租赁和商务服务业 −7.77 万元。从增幅来看，农、林、牧、渔业人均创利增幅最高，达 372.43%；制造业次之，为 52.10%；交通运输、仓储和邮政业排在第 3 位，为 41.94%；金融业增长 3.90%；房地产业增长 0.35%（见图 3-16）。分析发现，实体经济领域人均创收在逆势中实现增长。农、林、牧、渔业，制造业企业在员工总数、归母净利润双增长的情况下，实现人均创利增长，表明其生产规模扩大，销售效率持续提升，企业整体经营效率进一步提高；金融业在员工总数增长的情况下，人均创利增幅并不大，表明员工增长尚未给企业带来规模效应；房地产业通过减少员工、降低经营成本实现人均创利微增；而电力、热力、燃气及水生产和供应业，租赁和商务服务业因归母净利润降低，人均创利出现大幅下降。

图 3-16　2022 年重庆境外上市公司各行业人均创利增幅情况

6. 短期偿债能力：2 个行业流动比率与速动比率超 2

流动比率方面，2022 年，除永固－KY、英利国际置业、瀚华金控、重庆银行、重庆农村商业银行外，共录得 18 家重庆境外上市公司流动比率数据。其中，在 10 及以上的有 2 家，占 11.11%；5~10（不含）的有 2 家，占 11.11%；2~5（不含）的有 5 家，占 27.78%；1~2（不含）的有 7 家，占 38.89%；1 以下的有 2 家，占 11.11%。整体来看，流动比率在 2 以上的有 9 家，占 50%，较上年提升 11.11%。

分门类行业看，金融业最高，为 11.48；居民服务、修理和其他服务业，农、林、牧、渔业，制造业的流动比率均高于 2，分别为 3.34、2.85、2.17，表明其短期偿债能力较强。

速动比率方面，共录得 15 家重庆境外上市公司速动比率数据。其中，在 5 及以上的有 1 家，占 6.67%；2~5（不含）的有 5 家，占 33.33%；1~2（不含）的有 5 家，占 33.33%；1 以下的有 4 家，占 26.67%。

分门类行业看，居民服务、修理和其他服务业居首，为 2.80；其次为农、林、牧、渔业，为 2.75；制造业以 1.90 居第 3 位。

从增幅来看，制造业，电力、热力、燃气及水生产和供应业，居民服务、修理和其他服务业，房地产业 4 个行业的流动比率、速动比率出现双增长，且增幅均超过 10%，短期偿债能力大幅提高。分析发现，居民服务、修理和其他服务业主要通过增加流动资产来提升短期偿债能力；电力、热力、燃气及水生产和供应业，制造业在增加流动资产的同时，减少流动负债，双管齐下共同提升短期偿债能力；房地产业主要通过减少流动负债来提升短期偿债能力。

整体来看，居民服务、修理和其他服务业，农、林、牧、渔业的短期偿债能力较强，流动比率与速动比率均超过 2。制造业，交通运输、仓储和邮政业，电力、热力、燃气及水生产和供应业，教育业流动比率与速动比率均超过 1（见图 3-17），资产变现能力较强，也具有一定的短期偿债能力。

说明：由内向外分别为流动比率和速动比率

图 3-17 2022 年重庆境外上市公司各行业短期偿债能力情况

7. 长期偿债能力：超八成资产负债率适宜，9 家产权比率连续下降

资产负债率方面，录得 21 家重庆境外上市公司的数据。其中，在 90% 及以上的有 3 家，占 14.29%；60%~90%（不含）的有 3 家，占 14.29%；40%~60%（不含）的有 5 家，占 23.81%；20%~40%（不含）的有 6 家，占 28.57%；20% 以下的有 4 家，占 19.05%（见图 3-18）。

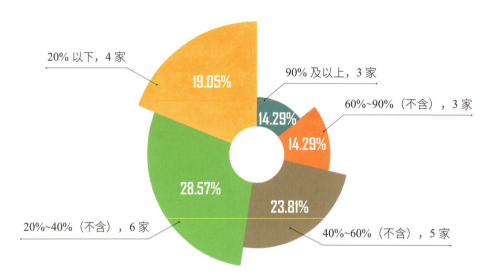

图 3-18　2022 年重庆境外上市公司资产负债率分布情况

一般情况下，企业资产负债率的适宜水平是 40%~60%，银行业在 92% 以下较为适宜。整体来看，大多数公司具有较强的长期偿债能力，占比 80.95%。其中，资产负债率在 40% 以下的占比 47.62%，一方面表明这些上市公司具有更强的长期偿债能力，另一方面表明其资金利用率较低，并未充分发挥负债在企业发展中的促进作用。

产权比率方面，录得 21 家重庆境外上市公司数据。其中，在 3 以上的有 2 家，占比 9.52%；1~3（不含）的有 6 家，占 28.57%；0.5~1（不含）的有 4 家，占 19.05%；0.1~0.5（不含）的有 6 家，占 28.57%；0.1 以下的有 3 家，占 14.29%。

从近三年的产权比率变化情况看，有 9 家上市公司持续下降，占 42.86%（见表 3-8）。表明这些上市公司调整财务结构，降低了产权比率，进一步提高企业长期偿债能力。

整体来看，重庆境外上市公司产权比率较为适宜，财务结构相对稳定，具备良好的长期偿债能力。

表 3-8　2020—2022 年产权比率持续下降的重庆境外上市公司一览

序号	上市公司	产权比率		
		2022 年	2021 年	2020 年
1	重庆农村商业银行	10.71	10.89	10.95
2	龙湖集团	2.37	2.95	2.97
3	康达环保	2.30	2.38	2.45
4	东原仁知服务	1.60	2.74	3.74
5	重庆钢铁股份	0.84	0.92	0.99
6	瀚华金控	0.44	0.54	0.84
7	庆铃汽车股份	0.33	0.35	0.37
8	谭木匠	0.16	0.17	0.19
9	大全新能源	0.15	0.26	0.55

（二）盈利能力

1. 毛利率：5 个行业超 20%

2022 年，共录得 15 家重庆境外上市公司毛利率数据。其中，在 50% 以上的有 4 家，占 26.67%；20%~50%（不含）的有 4 家，占 26.67%；0~20%（不含）的有 5 家，占 33.33%；0 以下的有 2 家，占 13.33%。平均毛利率为 23.47%，较上年（24.34%）下降 0.87 个百分点；中位数为 20.53%，较上年（25.31%）下降 4.78 个百分点。

从排名来看，中渝置地最高，达 95.18%；其次为大全新能源，为 73.95%；谭木匠以 58.98% 排在第 3 位；排名前 3 位的公司均超过 50%；第 4 位至第 10 位分别为民生教育、康达环保、时代环球集团、龙湖集团、东原仁知服务、重庆机电、金科服务，均超过 10%（见图 3-19）。

（单位：%）

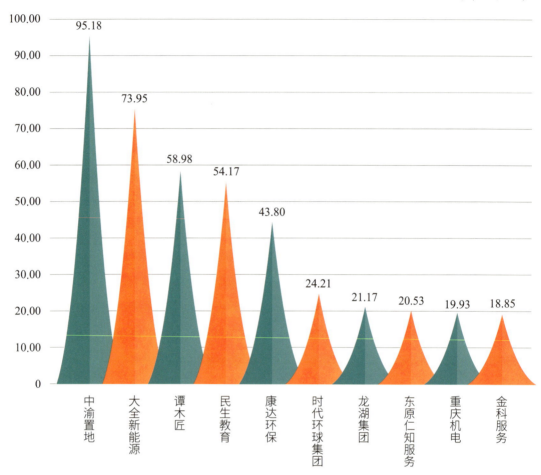

图 3-19　2022 年重庆境外上市公司毛利率 TOP 10

从增幅来看，15 家上市公司中，仅 2 家实现正增长，占比 13.33%。其中，大全新能源增幅最高，增长 13.15%；洪九果品增长 8.85%。增幅在 −10%~0（不含）的有 7 家，占46.67%；−50%~−10%（不含）的有 3 家，占 20.00%；−50% 以下的有 3 家，占 20.00%。整体来看，重庆境外上市公司的毛利率出现下降。分析认为，2022 年，国际通胀溢出效应影响国内原材料价格，从而推动企业生产成本提升，导致上市公司毛利率下降。

分门类行业看，教育业毛利率最高，为 54.17%；电力、热力、燃气及水生产和供应业次之，为 43.80%；制造业居第 3 位，为 32.04%；此外，租赁和商务服务业、房地产业也均超过 20%（见图 3-20）。

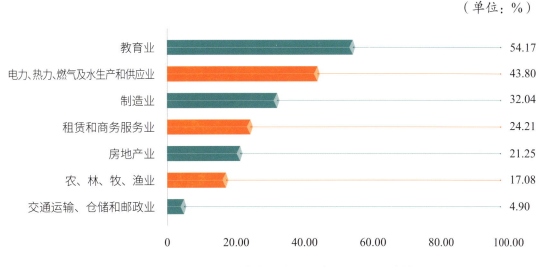

图 3-20　2022 年重庆境外上市公司各行业毛利率情况

2. 销售净利率：前 3 位均超 50%

2022 年共录得 21 家重庆境外上市公司销售净利率数据。其中，为正的 14 家，占 66.67%。中华国际最高，达 109.59%；大全新能源以 53.81% 居第 2 位；重庆银行居第 3 位，为 53.16%。

从分布情况来看，在 50% 及以上的有 3 家，占 14.29%；10%~50%（不含）的有 6 家，占 28.57%；0~10%（不含）的有 5 家，占 23.81%；为负的有 7 家，占 33.33%（见图 3-21）。

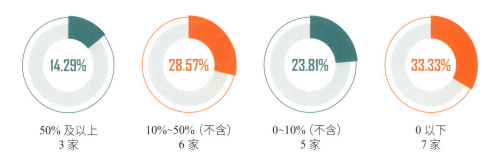

图 3-21　2022 年重庆境外上市公司销售净利率分布情况

从增幅来看，21 家重庆境外上市公司中，6 家出现正增长。其中，洪九果品增幅最高，达 238.85%；中华国际增幅也超 100%，为 106.79%。

（三）造血能力

1. 经营活动产生现金流量净额：金融业平均值最高

2022 年共录得 21 家重庆境外上市公司该项数据。其中，17 家资金流入，4 家资金流出。

从分布情况来看，100 亿元及以上的有 2 家，分别为重庆农村商业银行 709.01 亿元、大全新能源 171.51 亿元，占 9.52%；10 亿 ~100 亿（不含）元的有 3 家，占 14.29%；1 亿 ~10 亿（不含）元的有 8 家，占 38.10%；0~1 亿（不含）元的有 4 家，占 19.05%；0 以下的有 4 家，占 19.05%。从增幅看，庆铃汽车股份、大全新能源、东银国际控股居前 3 位，增幅均超 200%，分别为 2358.79%、321.00%、236.96%。

分门类行业来看，金融业平均值最高，为 191.38 亿元；其次为制造业，为 31.89 亿元；第 3 位为房地产业，为 20.41 亿元（见表 3-9）。

表 3-9　2022 年重庆境外上市公司各行业经营活动产生现金流量净额平均值情况

序号	门类行业	经营活动产生现金流量净额平均值（亿元）
1	金融业	191.38
2	制造业	31.89
3	房地产业	20.41
4	居民服务、修理和其他服务业	8.53
5	教育业	7.20
6	电力、热力、燃气及水生产和供应业	3.68
7	交通运输、仓储和邮政业	0.14
8	租赁和商务服务业	−0.06
9	农、林、牧、渔业	−18.23

从企业成长情况来看，20 家重庆境外上市公司中（中华国际未录得投资活动产生的现金流量净额数据），初创期 2 家，发展期 11 家，成熟期 5 家，衰退期 2 家。其中，初创期上市公司平均值为 −9.60 亿元，发展期上市公司平均值为 96.70 亿元，成熟期上市公司平均值为 3.50 亿元，衰退期平均值为 −1.04 亿元。

2. 资本市场利用情况：发行债券募集资金超 4000 亿元

2022 年，重庆境外上市公司主要通过发行债券的方式在境内资本市场募集资金。共有 3 家境外上市公司发行债券 424 只，募集资金 4066.40 亿元。

具体来看，重庆农村商业银行发行 259 只，募集资金 2311.20 亿元，分别占比 61.08%、56.84%；重庆银行发行 159 只、募集资金 1670.20 亿元，分别占比 37.50%、41.07%；龙湖集团发行 6 只、募集资金 85.00 亿元，分别占比 1.42%、2.09%。值得一提的是，重庆银行通过发行可转债，提高核心一级资本充足率和资本充足率水平，从而增强抵御风险的能力，为其各项业务的持续发展提供充足的资金支持，盈利能力和核心竞争力进一步提升。

分债券类型看，发行的债券主要以同业存单为主。同业存单发行 412 只，募集资金 3666.40 亿元；可转债 1 只，募集资金 130.00 亿元；商业银行次级债券 3 只，募集资金 115.00 亿元；商业银行债 2 只，募集资金 70.00 亿元；一般公司债 4 只，募集资金 50.00 亿元；一般中期票据 2 只，募集资金 35.00 亿元（见图 3-22）。

（单位：亿元）

图 3-22　2022 年重庆境外上市公司发行各类型债券数量及募资情况

五 回报与贡献

（一）股东回报

1. 净资产收益率：75% 的上市公司为正

2022 年，除英利国际置业、永固－KY、时代环球集团外，共录得 20 家重庆境外上市公司净资产收益率数据，平均净资产收益率为 12.59%，较上年（13.82%）下降 1.23 个百分点；中位数为 6.87%，较上年（10.67%）下降 3.80 个百分点。

从分布情况来看，净资产收益率在 50% 以上的有 1 家，占 5.00%；20%~50%（不含）的有 3 家，占 15.00%；10%~20%（不含）的有 5 家，占 25.00%；0~10%（不含）的有 6 家，占 30.00%；0 以下的有 5 家，占 25.00%。整体来看，重庆境外上市公司净资产收益率大多居 0~20%。

从排名看，大全新能源净资产收益率居首，为 52.22%，成为唯一超过 50% 的公司。洪九果品、东原仁知服务分居第 2 位、第 3 位，分别为 26.94%、25.41%（见图 3-23）。从增长情况看，净资产收益率实现增长的有 5 家，占 25.00%。其中，BIT ORIGIN 最高，提升了 24.60 个百分点，主要原因在于其当年实现扭亏为盈，促使净资产收益率提升，股东权益回报率更高。

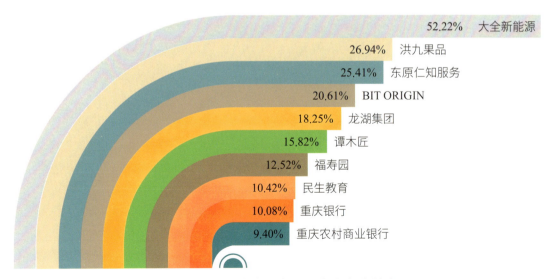

图 3-23　2022 年重庆境外上市公司净资产收益率 TOP 10

分门类行业看，农、林、牧、渔业净资产收益率为 26.94%，较上年提升 13.70 个百分点；制造业为 19.70%，提升 3.51 个百分点；房地产业为 13.46%，下降 4.56 个百分点；居民服务、修理和其他服务业 12.52%，下降 2.46 个百分点；教育业为 10.42%，下降 2.95 个百分点；金融业为 9.14%，下降 0.36 个百分点；电力、热力、燃气及水生产和供应业为 4.33%，下降 3.77 个百分点；交通运输、仓储和邮政业为 1.95%，提升 0.44 个百分点（见图 3-24）。

（单位：%）

图 3-24　2021—2022 年重庆境外上市公司各行业净资产收益率及变化情况

2. 年度累计分红总额：排名前 3 位的总额占比超九成

2022 年，10 家重庆境外上市公司披露年度分红方案，累计分红 123.52 亿元，占净利润的 31.30%；平均分红 12.35 亿元，较上年降低 17.03%。

具体来看，龙湖集团最高，为 71.45 亿元；重庆农村商业银行次之，为 31.01 亿元；重庆银行居第 3 位，为 13.72 亿元。前 3 位年度累计分红总额为 116.18 亿元，占总额的 94.06%（见图 3-25）。

图 3-25　2022 年重庆境外上市公司年度分红情况

从年度分红率来看，谭木匠最高，为 78.97%；其次为长安民生物流，为 63.17%；福寿园以 41.19% 居第 3 位。整体来看，有 8 家上市公司分红率在 25% 以上，说明重庆境外上市公司通过持续大手笔分红积极回报投资者。值得一提的是，中渝置地在亏损的情况下，仍分红 0.70 亿元。

（二）社会贡献

1. 员工薪酬：金融业保持领先

2022 年共录得 18 家重庆境外上市公司的员工薪酬数据，共计 218.50 亿元，平均值为 12.14 亿元，较上年（11.70 亿元）增长 3.76%。

从分布情况看，50 亿元及以上的有 2 家，占 11.11%；10 亿~50 亿（不含）元的有 3 家，占 16.67%；5 亿~10 亿（不含）元的有 3 家，占 16.67%；1 亿~5 亿（不含）元的有 6 家，占 33.33%；1 亿元以下的有 4 家，占 22.22%。

从人均薪酬看，中渝置地最高，达 162.47 万元；东银国际控股居第 2 位，为 50.59 万元；重庆银行排名第 3，为 41.88 万元；重庆农村商业银行、瀚华金控、中华国际、重庆钢铁股份、龙湖集团、福寿园、金科服务分列第 4 位至第 10 位。前 10 位中，金融业和房地产业各有 4 家，尤其是金融业上市公司均居前 5 强。从增幅来看，14 家企业人均薪酬实现正增长，占 77.78%，其中 6 家增幅超过 10%。

从门类行业的人均薪酬看，金融业遥遥领先，为 38.08 万元；房地产业次之，为 19.39 万元；居民服务、修理和其他服务业居第 3 位，为 19.31 万元。此外，制造业 19.15 万元，租赁和商务服务业 13.04 万元，交通运输、仓储和邮政业 12.80 万元，电力、热力、燃气及水生产和供应业 11.83 万元，农、林、牧、渔业 8.78 万元。租赁和商务服务业增幅最高，制造业次之，农、林、牧、渔业居第 3 位（见图 3-26）。仅房地产行业人均薪酬出现下降，分析认为，2022 年房地产市场景气度继续下行，房地产企业销售端和融资端受阻，流动性压力加大，房地产企业通过降薪来降低企业经营成本，保障企业稳健发展。

图 3-26　2022 年重庆境外上市公司各行业人均薪酬情况

2. 带动就业：近五成上市公司员工总数出现增长

截至 2022 年年末，录得 21 家重庆境外上市公司员工总数 111815 人，较上年减少 9593 人；平均值为 5324 人，较上年（5781 人）减少 457 人。

从分布情况看，在 10000 人及以上的有 3 家，占 14.29%；5000~10000（不含）人的有 4 家，占 19.05%；1000~5000（不含）人的有 7 家，占 33.33%；100~1000（不含）人的有 4 家，占 19.05%；100 人以下的有 3 家，占 14.29%。

从排名看，龙湖集团员工总数最多，达 31565 人；其次为重庆农村商业银行，为 15167 人；金科服务居第 3 位，为 12227 人（见图 3-27）。从变化情况看，有 10 家企业呈现增长，占 47.62%，其中大全新能源增量最多，新增 1700 人，增长 70.86%。有 2 家企业员工总数持平，占 9.52%。有 9 家企业员工总数下降，占 42.86%。

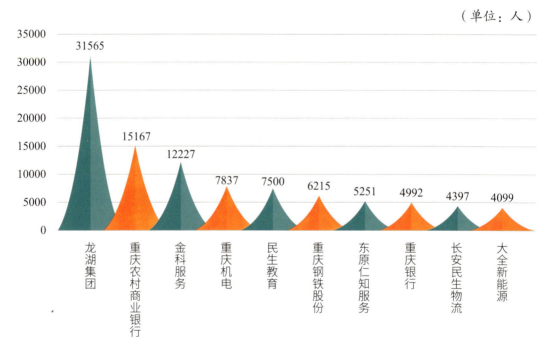

图 3-27　2022 年年末重庆境外上市公司员工总数 TOP 10

分门类行业来看，制造业员工总数增长幅度最高，为 6.17%；其次为农、林、牧、渔业，增长 5.42%；金融业排在第 3 位，增长 1.58%；教育业增长 0.40%；租赁和商务服务业增长 0.31%。此外，居民服务、修理和其他服务业下降 2.56%，电力、热力、燃气及水生产和供应业下降 4.45%，交通运输、仓储和邮政业下降 6.29%，房地产业下降 18.14%。

04

第四章
专题报告 →

本章分析全面注册制实施对企业上市影响、全面注册制下各板块 IPO 要点、2022 年退市企业、上市公司典型违规案例、重庆境内民营上市公司发展情况，发挥"数据库""路径图""工具书"的作用，对推动企业上市和上市公司高质量发展具有重要价值。

一　全面注册制对企业上市影响分析

2023 年 2 月 1 日，全面实行股票发行注册制改革正式启动。2 月 17 日，全面实行股票发行注册制制度规则发布实施，标志着注册制正式推广到全市场和各类公开发行股票行为，开启全面深化资本市场改革的新局面，在我国资本市场改革发展进程中具有里程碑意义。

（一）深化资本市场改革的"牛鼻子"工程

自 1990 年 A 股市场启程以来，我国资本市场制度现代化建设的步伐从未停止。近年来，资本市场制度建设全面提速，尤其是全面实行股票发行注册制改革，成为资本市场全面深化改革的"牛鼻子"工程。

回顾我国 A 股市场的注册制改革历程，可分四个阶段。第一阶段是 2018 年设立科创板并试点注册制，2019 年 7 月 22 日首批 25 家科创板上市公司登陆上交所，科创板正式开市，标志着注册制试点正式落地，科创板也成为资本市场基础制度改革创新的"试验田"。第二阶段是创业板实施注册制改革。2020 年 8 月 24 日，创业板注册制首批企业上市，标志着存量市场注册制改革落地，资本市场全面深化改革进入"深水区"。第三阶段是北交所的设立。2021 年 11 月 15 日，北交所揭牌开市，开始同步试点注册制。第四阶段是经过 4 年的试点，注册制在全市场推行已经"水到渠成"，2023 年 2 月 1 日，全面实行股票发行注册制改革正式启动。随着这些重大改革措施相继实施，以信息披露为核心的全面注册制架构已经基本落成。

全面注册制实施后，错位发展、相互补充的多层次资本市场格局将更加完善，基本覆盖不同行业、不同类型、不同成长阶段的企业。沪深两市主板突出大盘蓝筹定位，主要服务于成熟期大型企业；科创板突出"硬科技"特色，提高对"硬科技"企业的包容性；创业板主要服务于成长型创新创业企业，允许未盈利企业到创业板上市；北交所和全国股转系统（新三板）探索更加契合创新型中小企业发展规律和成长特点的制度供给，更加精准地服务创新型中小企业。全面注册制实施后，多层次资本市场间联系将更为紧密，上交所、深交所、北交所市场的较高估值水平和高流动性，将吸引更多新三板优质企业 IPO 或转板，同时新三板市场也为 A 股市场退市企业提供退出渠道，使得我国的资本市场既有多层次又能互通共融，多层次市场之间的衔接机制更加通畅。

全面注册制体现了我国资本市场的改革始终坚持市场化和法治化方向，开启全面深化资本市场改革的新局面，为资本市场服务高质量发展打开更广阔的空间。

首先，提升市场活力。全面注册制将选择权交给市场，监管部门发挥好"守夜人"作用，中介机构发挥好"看门人"作用，将有效市场与有为政府强有力结合，有效激发市场的活力。同时，上市周期缩短和上市流程大大简化，将为我国资本市场带来更多优质上市公司，进一步增强市场活力。

其次，提升上市公司质量。全面注册制将加速投资回归业绩本源，通过"进退"机制的持续完善，让市场形成优胜劣汰的良性生态循环，并促使存量上市公司可通过内部管理变革，不断规范公司治理和内部控制，进一步提升上市公司质量。

最后，增强金融支持实体经济力度。全面注册制有助于我国资本市场做优做强，留住高储蓄，吸引海外资金入场，从而形成良性循环。各类资本通过资本市场为经济转型升级提供动力，不断提升服务实体经济质效，支持经济高质量发展，助力建设中国式现代化。

（二）优化上市条件

全面注册制将选择权交给市场，强化市场约束和法治约束是全面注册制改革的本质。全面注册制通过充分贯彻以信息披露为核心的理念，促使发行上市全过程更加规范、透明、可预期。

新股发行方面，相较核准制，全面注册制提升了新股发行的发审效率，发行条件进一步放宽，扩宽企业财务指标准入范围，增强资本市场的包容性，加快初创企业、新兴产业中小企业的上市融资速度，提升直接融资比例。

一是发行效率全面提升。全面注册制下，全市场均采取"交易所审核、证监会注册"的统一架构，审核主体转变为交易所，审核标准由持续盈利能力等实质性要求转化为信息披露要求，注册程序将更加便利，发审效率将大幅提高（见图 4-1）。据统计，从 2017 年年初至 2023 年 2 月末，主板 IPO 从受理到上市所需要的平均时间为 540 天，创业板核准制下为 526 天，创业板注册制下缩短至 386 天，科创板为 397 天。从全面注册制下首批 IPO 企业来看，2 月 17 日，全面注册制度规则发布实施；3 月 13 日，11 家主板 IPO 企业上会并顺利过会；3月16日，10家公司注册生效；3月27日，中重科技、登康口腔完成申购；4月10日，中重科技、登康口腔等10家上市公司正式登陆A股市场，成为全面注册制下的首批主板上市公司。其从IPO申请获受理到正式上市，用时仅仅约50天。此外，发审效率提高，也将有效降低企业上市发行成本。

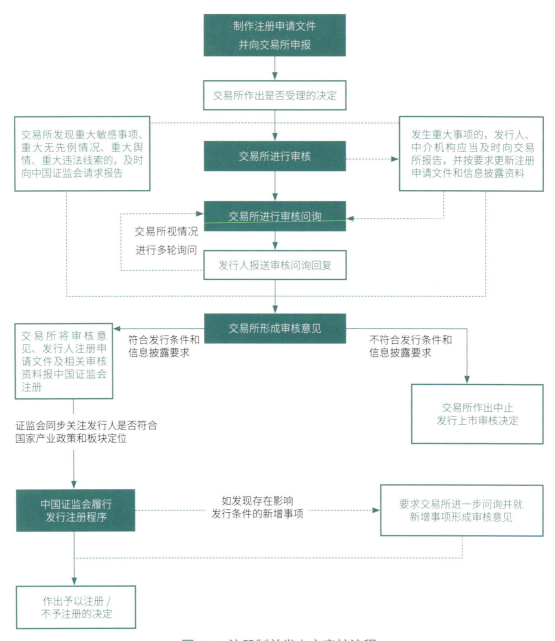

图 4-1　注册制首发上市审核流程

二是发行条件多元包容。全面注册制保留了企业公开发行股票必要的资格条件、合规条件，将核准制下的实质性门槛尽可能转化为信息披露要求，监管部门不再对企业的投资价值作出判断。相较于核准制而言，全面注册制进一步明确了主板发行条件。如明确了主营业务、控制权和管理团队稳定以及股权清晰的具体要求，优化财务指标要求，取消关于未弥补亏损条件、无形资产占比限制等财务指标的要求，弱化了同业竞争要求，并对会计基础、内部控制以及持续经营能力等要求进一步优化。

三是财务指标更加多样。全面注册制下，财务指标从核准制下的单一纯财务标准转变为可选的"持续盈利＋现金流或收入""市值50亿元＋盈利＋收入＋现金流""市值80亿元＋盈利＋收入"三套标准。主要差异为：大幅提高无市值要求的企业财务指标、引入市值指标、增加红筹企业、制定差异化表决权企业的上市标准，并取消未弥补亏损条件、取消无形资产占净资产的比例限制等。这也契合了科技型企业的特点和融资需求，上市公司群体的科技含量将明显提升。

再融资和并购重组方面，全面注册制下的再融资和并购重组制度遵循以信息披露为核心的理念，以提高上市公司质量为根本目标，同时吸取了科创板和创业板试点注册制的经验，在优化审核流程的同时，进一步扩宽了相关标准。

再融资层面，一是精简了主板上市公司再融资的发行条件，与创业板和科创板再融资的发行条件趋于一致。二是增加了简易发行方式，融资额不超过3亿元且不超过近1年净资产20%的项目，可以采用"小额快速"融资的简易程序。三是提升了再融资的发行额度，其中，主板的配股发行额度从原来的30%提高到50%，可转债的发行额度从原来的净资产的40%提高到50%。四是进一步放开主板定向可转债。

并购重组层面，一是优化审核流程，提高审核效率。对于符合"快速审核机制"条件的重组申请，可减少问询轮次和问询数量；符合"小额快速审核机制"条件的重组申请，可直接提交并购重组委员会审议。二是对重大资产重组的认定标准有所放宽。在"购买、出售的资产在最近一个会计年度所产生的营业收入占上市公司同期经审计的合并财务会计报告营业收入的比例达到50%以上"指标中，增加了"超过5000万元人民币"的要求。三是放宽了对购买资产和配套融资的股份发行价格的限制，将上市公司为购买资产所发行股份的底价从不低于市场参考价的90%调整为80%。

此外，发行定价方面，取消了23倍市盈率等发行定价的限制。交易机制方面，主板新股上市前5个交易日不设涨跌幅限制，新股上市首日即可纳入融资融券标的等。

（三）助推企业高质量发展

利用资本市场做优做强是企业实现高质量发展的重要路径。发行上市能够给企业发展提供融资支持、实现治理规范和品牌效应。

在全面注册制改革下，企业上市标准更加多元包容，发行上市审核流程更加简洁高效，拓宽了实体企业尤其是科创民营企业等的融资途径，降低了企业融资的难度与成本，提升企业直接融资效率。上市之后还可以通过再融资等手段，长期获得公众资本支持。

同时，全面注册制要求上市公司进行高质量的信息披露，会进一步优化的公司治理和强化的市场监督，促进企业的自律和他律。"宽进严出"的全面注册制，将倒逼企业规范经营，能够帮助企业进行资源整合和绩效优化，创造更大产值。

全面注册制下，企业上市效率提高，企业通过上市获得更大的公众关注度，得到市场认可，从而提升品牌影响力。在全面注册制改革中，专门给予了科技创新企业、创新创业企业和专精特新企业巨大的发展空间和激励举措，有力推动了企业创新发展。

此外，全面注册制为更多数量、多种模式、不同发展阶段的企业提供了借助公众力量进行股权融资获得跨越式发展的机会。

对非上市公司来说，全面注册制为企业提供高效的直接融资渠道。注册制的本质是标准化、客观化和市场化。注册制设置清晰、明确且多元包容的发行上市标准，达到标准即可申报上市，让企业能够确立可上市的预期，进而更好地确立战略目标，设定发行上市达标时间表和路线图，规划企业发展。

对于中小市值的上市公司而言，全面注册制促使企业提高核心竞争力。全面注册制下，市场投资标的增多，市场将更加关注稀缺资源、具有核心竞争力的上市公司。市场的关注度与上市公司资本运作密切相关。假如上市公司市场关注度较低，股票交易流动性将较差，拥有市场定价权的机构投资者在筛选持仓股票时，将基于流动性等因素过滤掉市值相对较小、没有分析师研究的企业。机构投资者的持续忽视，更难吸引分析师追踪研究，从而形成恶性循环，导致上市公司被市场"雪藏"，再融资、并购重组等市场化操作也将变得十分艰难。这将倒逼上市公司不断加强转型升级，提高核心竞争力。

对于大型上市公司来讲，全面注册制将为企业的资本化运作带来新的机遇。一方面，大型上市公司开展分拆上市更为便捷，有利于市场对子公司专业化的业务进行独立定价，释放潜在价值。另一方面，并购重组更加高效，大型上市公司可通过市场化并购、控股等方式，获取股权结构分散、公司治理能力较弱的上市公司的控制权，提升资产效率和价值。

（四）抢抓机遇，推动上市融资

在全面注册制制度框架下，发行上市条件更加多元包容，审核注册效率、透明度和可预期性大幅提升。企业需要抓住全面注册制改革契机，提升核心竞争力，加快上市步伐，推动自身高质量发展。

一是理顺商业模式，选择适合的上市板块。全面注册制下，不同行业、不同生命阶段的企业将在适合的资本市场板块寻找其植根发展的沃土。模式成熟、盈利能力强但科技创新能力偏弱的企业适合在主板上市；未盈利但具有高成长性的企业适合科创板和创业板；创新创业型中小企业则更适合在创新层培育规范后，登陆北交所。各类企业可以对标各市场板块的上市标准，选择适合自身定位的融资平台，从而实现快速高效的上市。同时，企业需要在发行上市、信息披露、申报流程等方面做好充分准备去适应规则，才会在资本市场道路上行稳致远。

二是加大科研投入，加强内部控制。从上市标准来看，对企业的科技含量、创新能力或经营规模有一定要求。企业需要不断提升科技创新能力，打造创新引擎，提高企业核心竞争力。同时，加强内部控制，统筹谋划全面构建合规体系，规范公司财务会计行为，加强财务管理和会计核算，提升依法合规经营管理水平，促进企业稳健前行。

三是做好信息披露。信息披露的目的是为投资者提供全面、有效、及时的投资决策依据。全面注册制以信息披露为核心，这对信息披露提出了更高要求。作为发行人，企业需要进一步落实信息披露第一责任人制度，按照证券监管法规和交易所规则等相关规定，准确、完整地披露与发行人相关的所有重大事项。

四是提前聘请专业服务机构。发行定价、发行规模和上市时间与中介机构密切相关。全面注册制下，要求压实中介机构责任，发挥其"看门人"作用。对于条件相对成熟的拟上市企业而言，可以在早期聘请专业的中介机构来策划上市进程、规范企业运作，以便踩准节奏，早日实现上市目标。

二 全面注册制下各板块 IPO 要点分析①

2023 年 2 月 17 日，中国证监会及证券交易所等发布全面实行股票发行注册制制度规则。此次发布的制度规则共 165 部，其中中国证监会发布的制度规则 57 部，证券交易所、全国股转公司、中国结算等发布的配套制度规则 108 部，内容包括精简优化发行上市条件、完善审核注册程序、优化发行承销制度、完善上市公司重大资产重组制度、强化监管执法和投资者保护等，自发布之日起施行。这标志着注册制的制度安排基本定型，注册制推广到全市场和各类公开发行股票行为。下文重点分析全面注册制下各个板块发行上市的要求和重点。

（一）企业上市流程

从企业上市的流程看，主板、科创板、创业板上市流程一致。企业改制后的上市流程，北交所与上交所、深交所的有一定差别，北交所要求拟上市公司需在新三板（全国中小企业股份转让系统）挂牌满 12 个月（见表 4-1）。具体有两条路径：一是在新三板创新层直接挂牌，满 12 个月后可以申请在北交所上市；二是先在新三板基础层挂牌，再升至创新层，两层合计挂牌时间满 12 个月后可以申请在北交所上市。

表 4-1　三大交易所各板块上市流程

板块	上市流程
主板	聘请中介服务机构—尽职调查—整改规范—公司股改—证监局辅导备案—申报材料—交易所受理—审核反馈—上市委会议—提交证监会注册—中国证监会下发批文—路演询价及定价—募集资金到位—发行挂牌上市
科创板	
创业板	

① 本专题报告系天健会计师事务所供稿。

续表

板 块	上市流程
北交所	聘请中介服务机构—尽职调查—整改规范—公司股改—申报新三板—新三板运行 12 个月—证监局辅导备案—申报材料—交易所受理—审核反馈—上市委会议—提交中国证监会注册—中国证监会下发批文—路演询价及定价—募集资金到位—发行挂牌上市

（二）企业类型和经营年限要求

—●—●—●—

目前，主板、科创板、创业板对发行企业的企业类型要求均为依法设立且合法存续的股份有限公司，三大板块对经营年限的要求也一致：自股份公司成立之日起，持续经营 3 年以上；有限责任公司按原账面净资产值折股整体变更为股份有限公司的，持续经营时间可以从有限责任公司成立之日起计算。北交所要求为：在新三板连续挂牌满 12 个月的创新层挂牌企业（见表 4-2）。

表 4-2　境内交易所各板块上市的企业类型和经营年限要求

板 块	企业类型	经营年限
主板	发行人应是依法设立且合法存续的股份有限公司	自股份公司成立之日起，持续经营 3 年以上；有限责任公司按原账面净资产值折股整体变更为股份有限公司的，持续经营时间可以从有限责任公司成立之日起计算
科创板		
创业板		
北交所	在新三板连续挂牌满 12 个月的创新层挂牌企业	

（三）板块选择

1. 各个板块定位及行业要求

主板市场是股票市场的主体。目前，境内主板市场包括上交所主板和深交所主板，主要接纳国民经济中的支柱企业、占据行业龙头地位及资产规模和经营规模较大且经营稳定性较高的企业，定位于主要服务全国范围内较为成熟、优质的大型蓝筹企业以及持续盈利能力较强的新经济、高技术和传统产业转型升级企业，对企业的营业情况、股本大小、盈利水平、最低市值等方面的要求较高。

科创板面向世界科技前沿、经济主战场、国家重大需求，主要服务于符合国家战略、突破关键核心技术、市场认可度高的科技创新企业，重点支持新一代信息技术、高端装备、新材料、新能源、节能环保以及医药生物等高新技术产业和战略性新兴产业，促进互联网、大数据、云计算、人工智能和制造业深度融合，引领中高端消费，推动质量变革、效率变革、动力变革。自 2019 年开市以来，科创板日益成为畅通科技、资本和产业良性循环的重要平台。

创业板深入贯彻创新驱动发展战略，主要服务于运作规范、有一定规模和经营较好的成长型创新创业企业，看重企业的成长性。该板块的上市公司中，七成以上属于战略性新兴产业，八成以上拥有自主创新核心能力，九成以上为高新技术企业，在支持创新创业企业、服务国家自主创新、促进创投发展等方面发挥了重要作用。

北交所上市公司由新三板创新层挂牌企业产生，承接在创新层、基础层发展壮大的创新型中小企业，重点支持先进制造业和现代服务业等领域企业和专精特新中小企业，对创新层、基础层形成示范引领和"反哺"功能，激发新三板的整体市场活力，提升对初创期中小企业的吸引力（见表 4-3）。

表 4-3　境内交易所各板块的定位及拟上市公司行业要求

板 块	板块定位	行业要求
主板	成熟期大型企业,即大盘蓝筹,支持业务模式成熟、经营业绩稳定、规模较大、具有行业代表性的优质企业	暂无

板 块	板块定位	行业要求
科创板	突出"硬科技"特色，面向世界科技前沿、面向经济主战场、面向国家重大需求。优先支持符合国家战略，拥有关键核心技术，科技创新能力突出，主要依靠核心技术开展生产经营，具有稳定的商业模式，市场认可度高，社会形象良好，具有较强成长性的企业	属于下列行业领域的高新技术企业和战略性新兴产业：①新一代信息技术领域；②高端装备领域，主要包括智能制造、航空航天、先进轨道交通、海洋工程装备及相关技术服务等；③新材料领域；④新能源领域；⑤节能环保领域；⑥生物医药领域，主要包括生物制品、高端化学药、高端医疗设备与器械及相关技术服务等；⑦符合科创板定位的其他领域
创业板	深入贯彻创新驱动发展战略，主要服务于运作规范、有一定规模和经营较好的成长型创新创业企业，看重企业的成长性	主要服务于成长型创新创业企业，支持传统产业与新技术、新产业、新业态、新模式深度融合的成长型创新创业企业
北交所	服务创新型中小企业，重点支持先进制造业和现代服务业等领域的企业，推动传统产业转型升级，培育经济发展新动能，促进经济高质量发展	先进制造业和现代服务业等领域的企业以及专精特新中小企业

值得注意的是，各板块对拟上市公司所属行业也有一定限制。其中，对产能过剩行业和产能淘汰类行业全面限制；各板块也根据其定位，对限制类行业作出规定（见表4-4）。

表 4-4　境内交易所各板块拟上市企业所属行业负面清单

板块	负面清单
主板	不支持产能过剩行业（过剩行业的认定以国务院主管部门的规定为准）或《产业结构调整指导目录》中规定的限制类、淘汰类行业，以及房地产开发行业
科创板	禁止：房地产和主要从事金融、投资类业务的企业 限制：金融科技、模式创新企业
创业板	1. 原则上不支持企业申报，在创业板发行上市的行业： ①农、林、牧、渔业；②采矿业；③酒、饮料和精制茶制造业；④纺织业；⑤黑色金属冶炼和压延加工业；⑥电力、热力、燃气及水生产和供应业；⑦建筑业；⑧交通运输、仓储和邮政业；⑨住宿和餐饮业；⑩金融业；⑪房地产业；⑫居民服务、修理和其他服务业 　　（注：上述行业中与互联网、大数据、云计算、自动化、人工智能、新能源等新技术、新产业、新业态、新模式深度融合的创新创业企业除外） 2. 禁止类行业：产能过剩行业、《产业结构调整指导目录》中规定的淘汰类行业，以及从事学前教育、学科类培训、类金融服务业务的企业
北交所	金融业、房地产业、产能过剩行业，《产业结构调整指导目录》中规定的淘汰类行业以及从事学前教育、学科类培训等业务的企业

在实践中，主板申报行业存在"红灯行业"不能申报、"黄灯行业"头部企业才可申报的情况。其中，"红灯行业"包括食品、餐饮连锁、白酒、防疫、学科培训、殡葬、宗教事务等。同时，须主管部门批复但尚未批复的也不能申报，包括互联网平台、类金融、军工等。"黄灯行业"仅服装、家居、家装、大众电器等头部企业才可申报，但拒绝通过"烧钱"、猛增加盟商等模式发展壮大的企业。

科创板在企业限制上比创业板更为严格，其"硬科技"含量更高，对于科技领域的划分更为细致。而创业板支持传统产业中的企业与新技术、新产业、新业态、新模式深度融合，这意味着创业板在企业限制方面的要求相比科创板较为宽松。例如，数字创意产业与传统文化创意产业以实体为载体进行艺术创作不同，是现代信息技术与文化创意产业逐渐融合而产生的一种新经济形态，但由于不属于科创板定位的行业范围，这类企业可以选择申报创业板。

北交所对于准入行业更为包容，是专精特新中小企业发展的主要平台，覆盖国民经济各行业、各领域，不仅包括以制造业为主的专精特新中小企业，也包括战略性新兴产业中创新能力突出的中小企业、向专业化和价值链高端延伸的生产性服务业企业、向高品质和多样化升级的生活性服务业企业。

2. 各板块指标及相关要求

（1）市值及财务指标要求。

除行业不符合监督要求将被"一票否决"，上市板块的市值及财务指标要求也会限制部分企业。

从市值及财务指标要求来看，相比北交所，主板、科创板、创业板对于企业市值的要求明显更高，企业的净利润规模门槛也更高（见表 4-5）。

表 4-5　企业上市市值和财务指标要求

板块	指标要求
主板	标准一，"净利润＋现金流／营业收入"：最近 3 年净利润均为正，且最近 3 年净利润累计不低于 1.5 亿元，最近 1 年净利润不低于 6000 万元，最近 3 年经营活动产生的现金流量净额累计不低于 1 亿元或营业收入累计不低于 10 亿元。 标准二，"市值＋净利润＋营业收入＋现金流"：预计市值不低于 50 亿元，且最近 1 年净利润为正，最近 1 年营业收入不低于 6 亿元，最近 3 年经营活动产生的现金流量净额累计不低于 1.5 亿元。 标准三，"市值＋净利润＋营业收入"：预计市值不低于 80 亿元，且最近 1 年净利润为正，最近 1 年营业收入不低于 8 亿元 （注：上述所称净利润以扣除非经常性损益前后的孰低者为准，净利润、营业收入、经营活动产生的现金流量净额均指经审计的数值；所称预计市值是指股票公开发行后按照总股本乘以发行价格计算出来的发行人股票名义总价值。下同）

板块	指标要求
科创板	标准一，"市值＋净利润"或"市值＋净利润＋营业收入"：预计市值≥10 亿元，最近 2 年净利润均为正且累计净利润不低于 5000 万元，或者预计市值不低于 10 亿元，最近 1 年净利润为正且营业收入不低于 1 亿元。 标准二，"市值＋营业收入＋研发投入"：预计市值≥15 亿元，最近 1 年营业收入不低于 2 亿元，且最近 3 年研发投入合计与最近 3 年累计营业收入的比例不低于 15%。 标准三，"市值＋营业收入＋经营活动净现金流"：预计市值≥20 亿元，最近 1 年营业收入不低于 3 亿元，且最近 3 年经营活动产生的现金流量净额累计不低于 1 亿元。 标准四，"市值＋营业收入"：预计市值≥30 亿元，且最近 1 年营业收入不低于 3 亿元。 标准五，"市值＋其他"：预计市值≥40 亿元，主要业务或产品须经国家有关部门批准，市场空间大，目前已取得阶段性成果，并获得知名投资机构一定金额的投资。医药行业企业须有至少一项核心产品获准开展二期临床试验，其他符合科创板定位的企业须具备明显的技术优势并满足相应条件
创业板	标准一，净利润（不要求市值）：最近 2 年净利润均为正，且累计净利润不低于 5000 万元。 标准二，"市值＋净利润＋营业收入"：预计市值≥10 亿元，最近 1 年净利润为正且营业收入不低于 1 亿元。 标准三，"市值＋营业收入"：预计市值≥50 亿元，且最近 1 年营业收入不低于 3 亿元
北交所	标准一（营利性）：预计市值不低于 2 亿元，最近 2 年净利润均不低于 1500 万元且加权平均净资产收益率平均不低于 8%，或者最近 1 年净利润不低于 2500 万元且加权平均净资产收益率不低于 8%。 标准二（成长性）：预计市值不低于 4 亿元，最近 2 年营业收入平均不低于 1 亿元，且最近 1 年营业收入增长率不低于 30%，最近 1 年经营活动产生的现金流量净额为正。 标准三（研发成果产业化）：预计市值不低于 8 亿元，最近 1 年营业收入不低于 2 亿元，最近 2 年研发投入合计与最近 2 年营业收入合计比例不低于 8%。 标准四（研发能力）：预计市值不低于 15 亿元，最近 2 年研发投入合计不低于 5000 万元

（2）研发及技术成果要求。

科创板与创业板均支持科创企业上市,但在研发投入、技术成果等方面有不同的指标要求。

其中,对拟在科创板上市的科技创新企业有 4 项常规指标要求、5 项例外条件。4 项常规指标要求:一是最近 3 年研发投入与营业收入的比例在 5% 以上,或最近 3 年研发投入金额累计在 6000 万元以上;二是研发人员占当年员工总数的比例不低于 10%;三是形成主营业务收入的发明专利 5 项以上;四是最近 3 年营业收入复合增长率达到 20%,或最近 1 年营业收入金额达到 3 亿元。5 项例外条件:发行人拥有的核心技术经国家主管部门认定具有国际领先、引领作用或者对于国家战略具有重大意义;发行人作为主要参与单位或发行人的核心技术人员作为主要参与人员,获得国家自然科学奖、国家科技进步奖、国家技术发明奖,并将相关技术运用于公司主营业务;发行人独立或者牵头承担与主营业务和核心技术相关的"国家重大科技专项"项目;发行人依靠核心技术形成的主要产品(服务),属于国家鼓励、支持和推动的关键设备、关键产品、关键零部件、关键材料等,并实现了进口替代;形成核心技术和主营业务收入的发明专利(含国防专利)合计 50 项以上。

对拟在创业板上市的成长型创新创业企业,研发和企业经营情况的要求是:最近 3 年研发投入复合增长率不低于 15%,最近 1 年研发投入金额不低于 1000 万元,且最近 3 年营业收入复合增长率不低于 20%;最近 3 年累计研发投入金额不低于 5000 万元,且最近 3 年营业收入复合增长率不低于 20%;属于制造业优化升级、现代服务业或者数字经济等现代产业体系领域,且最近 3 年营业收入复合增长率不低于 30%。[①]

（3）股本要求。

各板块上市股本要求如表 4-6 所示。

表 4-6　各板块上市股本要求

板块	股本要求
主板	发行后股本总额不低于 5000 万元。 公开发行的股份达到公司股份总数的 25% 以上;公司股本总额超过 4 亿元的,公开发行股份的比例为 10% 以上
科创板	发行后股本总额不低于 3000 万元。 公开发行的股份达到公司股份总数的 25% 以上;公司股本总额超过 4 亿元的,公开发行股份的比例为 10% 以上

① 最近 1 年营业收入金额达到 3 亿元的企业,或者按照相关规则申报创业板的已境外上市红筹企业,不适用前款规定的营业收入复合增长率要求。

续表

板 块	股本要求
创业板	发行后股本总额不低于 3000 万元。 公开发行的股份达到公司股份总数的 25% 以上；公司股本总额超过 4 亿元的，公开发行股份的比例为 10% 以上
北交所	向不特定合格投资者公开发行的股份不少于 100 万股，发行对象不少于 100 人。 公开发行后，公司股本总额不少于 3000 万元，公司股东人数不少于 200 人，公众股东持股比例不低于公司股本总额的 25%。 公司股本总额超过 4 亿元的，公众股东持股比例不低于公司股本总额的 10%

（4）其他要求。

各板块上市其他要求如表 4-7 所示。

表 4-7　各板块上市其他要求

板 块	规范性要求	独立性要求	稳定性要求	合规性要求
主板	1. 发行人会计基础工作规范，财务报表的编制和披露符合企业会计准则和相关信息披露规则的规定，在所有重大方面公允地反映了发行人的财务状况、经营成果和现金流量，最近 3 年财务会计报告由注册会计师出具无保留意见的审计报告。	1. 资产完整，业务及人员、财务、机构独立，与控股股东、实际控制人及其控制的其他企业间不存在对发行人构成重大不利影响的同业竞争，不存在严重影响独立性或者显失公平的关联交易。	1. 最近 3 年内主营业务和董事、高级管理人员均没有发生重大不利变化。 2. 最近 3 年实际控制人没有发生变更	1. 发行人生产经营符合法律、行政法规的规定，符合国家产业政策。最近 3 年内，发行人及其控股股东、实际控制人不存在贪污、贿赂、侵占财产、挪用财产或者破坏社会主义市场经济秩序的刑事犯罪，不存在欺诈发行、重大信息披露违法或者其他涉及国家安全、公共安全、生态安全、生产安全、公众健康安全等领域的重大违法行为。

续表

板 块	规范性要求	独立性要求	稳定性要求	合规性要求
科创板	2. 发行人内部控制制度健全且被有效执行，能够合理保证公司运行效率、合法合规和财务报告的可靠性，并由注册会计师出具无保留结论的内部控制鉴证报告	2. 发行人不存在涉及主要资产、核心技术、商标等的重大权属纠纷，重大偿债风险，重大担保、诉讼、仲裁等或有事项，经营环境已经或者将要发生重大变化等对持续经营有重大不利影响的事项	1. 最近 2 年内主营业务和董事、高级管理人员均没有发生重大不利变化。 2. 最近 2 年实际控制人没有发生变更。 3. 核心技术人员应当稳定且最近 2 年内没有发生重大不利变化	2. 董事、监事和高级管理人员不存在最近 3 年内受到中国证监会行政处罚，或因涉嫌犯罪被司法机关立案侦查，或涉嫌违法违规被中国证监会立案调查，且尚未有明确结论意见等情形
创业板			1. 最近 2 年内主营业务和董事、高级管理人员均没有发生重大不利变化。 2. 最近 2 年实际控制人没有发生变更	
北交所	1. 具备健全且运行良好的组织机构。 2. 最近 3 年财务会计报告无虚假记载，被出具无保留意见的审计报告。 3. 依法规范经营	暂无	暂无	1. 最近 3 年内不存在贪污、贿赂、侵占财产、挪用财产或者破坏社会主义市场经济秩序的刑事犯罪。 2. 最近 3 年内不存在欺诈发行、重大信息披露违法或者其他涉及国家安全、公共安全、生态安全、生产安全、公众健康安全等领域的重大违法行为。 3. 最近 1 年内未受到中国证监会行政处罚

(四) 中介服务机构选聘

1. 中介服务机构的聘请

目前，各板块上市所需聘请的中介服务机构一致。其中，必须聘请的中介服务机构包括证券公司、会计师事务所（具有证券期货业务资格）、律师事务所；可能聘请的中介服务机构包括评估机构（具有证券期货业务资格）、财经公关公司、印刷商、咨询公司（市场调研）。

2. 中介服务机构选择要点

（1）要以"能促进企业规范和发展"为目的，而不是"投机取巧"。

（2）理性对待中介服务费用，是为了上市选择而不是为了节约费用。

（3）要了解中介服务机构整体情况和项目情况，包括过往几年的申报数量、过会数量、过会率、市场知名度、专业特色等。

（4）要甄别具体服务的团队与项目组成员，包括人员资格、专业能力、项目经验、所在地域等。

（5）相关中介服务机构项目团队之间的合作要有一定契合度。

（6）持续评估中介服务机构的服务能力，如中介服务机构不尽责或者专业能力欠缺应及时更换。

(五) 需重点关注问题

1. 尽职调查流程、内容及注意事项

尽职调查贯穿于企业上市的整个过程，分为初步尽职调查、正式调查和推进过程中的调查。中介服务机构通过初步尽职调查，判断企业上市的可行性，经过初步了解后进一步与企业洽谈，签订相关服务协议。正式调查阶段，中介服务机构经过全面的调查发现问题，并就发现的问题召开中介服务协调会与企业进行深度沟通、讨论，确定最终上市方案。在企业上市推进过程中，项目组成员通过不断深入项目亦会进一步发现问题，并就相关问题

进行补充尽职调查，直至企业申报上市。一般来说，尽职调查由 1 家中介服务机构单独负责或者 3 家中介服务机构协同分工，对拟上市企业的包括但不限于财务状况、经营状况、法律问题等进行初步了解，明确企业存在的风险和问题，为后续的 IPO 申报时间、方案设计、架构重整、资产整合等奠定基础。因此，可以将尽职调查理解为 IPO 的"火力侦察"。

（1）尽职调查流程。

选定中介服务机构—签订保密协议—中介服务机构发出尽调清单—企业召开尽职调查启动会—中介服务机构通过获取资料、分析、访谈及走访程序实施尽职调查—就尽职调查发现的问题与企业初步沟通—撰写尽职调查报告—中介服务机构与企业召开尽职调查沟通会、制定问题解决方案。

（2）尽职调查主要内容。

①了解企业所处行业的概况、行业发展前景、行业产值、技术路线、竞争对手情况。

②了解企业的业务模式、盈利模式、营销模式、企业产品情况、技术来源、研发创新能力等企业基本信息，分析企业的优势和劣势。

③分析企业股权结构、高管结构、业务结构、客户结构、供应商结构。

④获取企业的工商资料，分析公司的股东资料、股东出资、股东人数、设立程序等是否存在瑕疵，股权结构及股东明细是否清晰。

⑤获取企业的产权、专利、员工合同、诉讼、业务合同、安全环保、业务资质、组织架构、违法违规等生产经营合规性情况，分析企业是否存在重大法律风险，是否符合企业上市要求。

⑥获取企业的业务流程，分析公司的内部控制是否规范、业务资料是否齐全、财务核算是否规范，衡量其是否需要整改和规范。

⑦获取企业的财务资料，分析公司的营业收入、营业利润、毛利率、增长率、研发费用、关联交易、资金占用、依法纳税、会计政策等，判断企业的盈利能力、成长能力和抗风险能力。

（3）尽职调查注意事项。

①充分信任：当企业选定中介服务机构后，应对尽职调查"毫无保留"地介绍情况、提供资料，不能"遮遮掩掩""支支吾吾"。

②充分启动：企业应召开启动会，对相关人员讲明尽职调查的目的、要求，必要时请中介服务机构对尽职调查的资料予以讲解。

③集思广益：对尽职调查发现的问题，中介服务机构要与企业充分沟通，参考政策法规和实务案例，制定解决方案。

④即刻行动：对制定的解决方案，应"雷厉风行"地加以整改和规范，人力、物力和财力应充分保障，不能"拖拖拉拉""犹豫不决"，错失上市良机。

2. 企业股份制改造

企业股份制改造是企业上市发行的前提条件和基础工作，即企业通过对治理结构、企业业务、企业财务等方面的改革与重组，将企业的组织形式变更为股份有限公司的全部过程。

（1）股份制改造流程。

股东会明确股改基准日—会计师及评估师进行审计、评估，并分别出具报告—股东会决议整体变更为股份有限公司—会计师验资，并出具验资报告—创业大会暨首届股东大会—办理营业执照—办理税务登记。

（2）股份制改造应关注的问题。

①合理确定股改基准日，企业应根据战略性投资入股、申报方案、辅导备案等各种因素合理确定。

②股东身份、股东出资等股权瑕疵应予以解决，股东层面架构搭建完成。

③企业上市主体的组织框架基本完成，例如为解决同业竞争问题和确保独立性原则，将企业资产及股权进行整合和剥离。

④合理确定股权激励和战略性投资入股等，企业可以根据需要决定股权激励、战略性投资入股和改制的前后顺序。

⑤确保企业财务核算规范，保证股份制改造审计的净资产金额后续不发生较大变动。

⑥企业关联方资金占用等问题应完成整改。

⑦企业股份制改造所涉及的个人所得税问题，公司应结合政策法规和行业案例，和当地主管税务局沟通。

3. 企业上市主要申报材料

由于北交所上市的流程与主板、科创板、创业板存在差异，故企业上市应准备的申报材料也不同。

具体来看，主板、科创板、创业板拟上市公司主要的申报资料有：

（1）招股说明书（申报稿）。

（2）需拟上市公司提供的材料：

①关于本次公开发行股票并上市的申请报告。

②董事会、股东大会有关本次发行并上市的决议。

③发行人关于公司设立以来股本演变情况的说明及其董事、监事、高级管理人员的确认意见。

④发行人最近 3 年及一期所得税纳税申报表。

⑤有关发行人税收优惠、政府补助的证明文件。

⑥发行人的历次验资报告或出资证明。

⑦发行人大股东或控股股东最近 1 年的原始财务报表及审计报告（如有）。

⑧募集资金投资项目的审批、核准或备案文件（如有）。

⑨重要采购合同和销售合同。

⑩保荐协议和承销协议。

（3）需证券公司提供的材料：

①发行保荐书。

②上市保荐书。

③保荐工作报告。

④关于发行人符合板块定位要求的专项意见。

⑤关于发行人股东信息披露的专项核查报告。

（4）需会计师事务所提供的材料：

① 3 年一期的审计报告。

②内部控制鉴证报告。

③3年一期的非经常性损益审核报告。

④3年一期的纳税鉴证审核报告。

⑤3年一期的原始财务报表和审定财务报表的差异鉴证审核报告。

（5）需律师事务所提供的材料：

①法律意见书。

②律师工作报告。

③发行人律师就所列产权证书出具的鉴证意见。

④关于发行人股东信息披露的专项核查报告。

北交所拟上市公司需提供的申报材料：

（1）向不特定合格投资者公开发行股票募集说明书。

（2）需拟上市公司提供的材料：

①关于本次向不特定合格投资者公开发行股票的申请报告；

②董事会、股东大会有关本次向不特定合格投资者公开发行股票的决议；

③募集资金投资项目的审批、核准或备案文件（如有）。

（3）需证券公司提供的材料：

①发行保荐书；

②发行保荐工作报告。

（4）需会计师事务所提供的材料：

①3年一期的审计报告；

②内部控制鉴证报告；

③3年一期的非经常性损益审核报告；

④会计师事务所关于前次募集资金使用情况的报告（如有）。

（5）需律师事务所提供的材料：

①法律意见书；

②律师工作报告。

4. 上市委会议问询环节常见问题

常见问题 TOP10 如表 4-8 所示。

表 4-8 上市委会议问询环节常见问题 TOP10

板块	常见问题
主板	内部控制、营业收入、毛利率、持续经营能力、业绩情况、信息披露存疑、违法违规行为、其他经营环境、收入确认、主板定位
科创板	核心竞争力、技术情况、持续经营能力、营业收入、行业定位、募投项目合理性、会计政策和会计处理、转增股本、公司战略和经营计划、其他风险提示
创业板	营业收入、内部控制、毛利率、其他风险提示、重要客户情况、持续经营情况、业绩情况、核心竞争力、主要经营业务情况、股份代持
北交所	毛利率、营业收入、持续经营能力、定价政策、关联交易核查、业绩情况、收入确认、募投合理性、核心竞争力、募投项目实施情况

5. IPO 被否常见原因

全面注册制下，IPO 常态化推行，企业上市审核更加透明高效，但不意味着放松质量要求。在监管部门严把"入口关"的背景下，企业上市被否数量较多。常见的有 10 大原因：

（1）股权权属不清晰，存在股份代持、实际控制人混乱的情况。

（2）虚增收入，销售真实性受到质疑。

（3）内控存在重大缺陷，会计核算基础薄弱。

（4）销售毛利率不合理，和行业存在较大差异，公司业绩存在异常。

（5）主要财务数据持续下降，缺乏核心竞争力，持续经营能力存在问题。

（6）存在关联方利益输送。

（7）关联交易的必要性、公允性、资金往来存在异常。

（8）股权转让不清晰。

（9）同业竞争和独立性受到质疑。

（10）板块定位不清晰。

6. 企业上市成本

依照中国证监会规定，公司上市需要聘请证券公司、会计师事务所、律师事务所三类法定专业服务机构，再加上从改制到上市，企业 IPO 主要费用包括专业服务机构费用、交易所费用和推广辅助费用三大部分。其中，专业服务机构费用包括改制设立财务顾问费用、辅导费用、承销保荐费用、审计验资费用、律师费用等；交易所费用系企业发行上市后所涉及的费用，主要包括上市初费和年费等；推广辅助费用主要包括印刷费用、媒体及路演的宣传推介费用等。其中，承销保荐费用、审计验资费用、律师费用和信息披露费用在上市发行费用中占较大比重（见表 4-9）。

表 4-9　2022 年各个板块上市发行费用统计（中位数）

（单位：万元）

板　块	承销保荐费用	审计验资费用	律师费用	信息披露费用	其他费用	合计
主板	4923	1183	656	498	65	7104
科创板	9297	1180	619	467	85	11889
创业板	6532	1025	529	437	56	8615
北交所	1264	302	160	21	15	1808

注：（1）上述费用系企业上市成功后募集资金支付的中介费用。

（2）上述费用不包括公司在前期以自有资金支付的中介费用（主要为会计师费用 150 万~200 万元，律师费用 50 万~100 万元，券商费用 150 万~200 万元）。

三 A股市场"吐故纳新"：2022年退市企业分析

　　畅通市场"出口"不仅是提高上市公司质量的有力举措，更是加速完善资本市场生态、实现优胜劣汰的重要路径。2022年，A股退市企业数量达46家，是2021年的2倍。随着A股退市制度持续完善，常态化退市初见成效；同时，退市新规显著提升保壳难度，退市企业数量快速增长。本报告深入分析了2022年退市企业终止上市的原因，为企业、专业服务机构和中小投资者提供可持续发展的新思路。

（一）退市进程加快

　　数据显示，2000年至2022年，A股退市个股197只。不考虑转板、被吸收合并等情况，2015年以来A股退市股票94只，其中2015年至2017年3年间，每年退市企业不足3家。2018年注册制试点以来，优胜劣汰进程加快。2018年至2022年，每年分别从A股强制退市4家、9家、16家、17家、42家企业。

　　2022年，A股退市数量达46家，创年度历史新高，从所属板块来看，上交所主板18家，深交所主板17家，创业板8家，北交所3家。从退市原因来看，除强制退市的42家企业外，ST平能退市的原因为吸收合并，观典防务、翰博高新和泰祥股份的退市原因是转板上市。具体名单如表4-10所示。

表4-10　2022年A股退市企业一览

序号	代码	名称	退市日期	所属板块	终止上市原因
1	000780.SZ	ST平能	2022-01-24	深交所主板	吸收合并
2	832317.BJ	观典防务	2022-04-26	北交所	转板上市

序号	代码	名称	退市日期	所属板块	终止上市原因
3	600145.SH	退市新亿	2022-04-28	上交所主板	重大违法类（财务造假）
4	002619.SZ	*ST 艾格	2022-04-28	深交所主板	交易类（面值）
5	000835.SZ	长动退	2022-05-23	深交所主板	财务类（无法表示意见）
6	603996.SH	退市中新	2022-05-24	上交所主板	财务类（无法表示意见）
7	000585.SZ	东电退	2022-05-24	深交所主板	财务类（扣非营业收入组合）
8	603157.SH	退市拉夏	2022-05-24	上交所主板	财务类（保留意见）
9	600695.SH	退市绿庭	2022-06-14	上交所主板	财务类（扣非营业收入组合）
10	600291.SH	退市西水	2022-06-14	上交所主板	财务类（无法表示意见）
11	002260.SZ	德奥退	2022-06-17	深交所主板	退市程序
12	000687.SZ	华讯退	2022-06-17	深交所主板	财务类（无法表示意见）
13	600091.SH	退市明科	2022-06-21	上交所主板	财务类（扣非营业收入组合，无法表示意见）
14	600652.SH	退市游久	2022-06-21	上交所主板	财务类（扣非营业收入组合）
15	600890.SH	退市中房	2022-06-21	上交所主板	财务类（扣非营业收入组合）
16	300178.SZ	腾邦退	2022-06-22	创业板	财务类（无法表示意见）
17	002618.SZ	丹邦退	2022-06-22	深交所主板	财务类（无法表示意见）

序号	代码	名称	退市日期	所属板块	终止上市原因
18	600209.SH	退市罗顿	2022-06-22	上交所主板	财务类（扣非营业收入组合，保留意见）
19	002473.SZ	圣莱退	2022-06-22	深交所主板	财务类（否定意见）
20	600275.SH	退市昌鱼	2022-06-22	上交所主板	财务类（扣非营业收入组合）
21	600856.SH	退市中天	2022-06-22	上交所主板	财务类（无法表示意见）
22	002770.SZ	科迪退	2022-06-23	深交所主板	财务类（无法表示意见）
23	600093.SH	退市易见	2022-06-23	上交所主板	财务类（无法表示意见）
24	002147.SZ	新光退	2022-06-23	深交所主板	财务类（保留意见）
25	000502.SZ	绿景退	2022-06-27	深交所主板	财务类（扣非营业收入组合，无法表示意见）
26	002684.SZ	猛狮退	2022-06-27	深交所主板	财务类（无法表示意见）
27	300064.SZ	金刚退	2022-06-27	创业板	财务类（无法表示意见）
28	002447.SZ	晨鑫退	2022-06-27	深交所主板	财务类（扣非营业收入组合）
29	000611.SZ	天首退	2022-06-28	深交所主板	财务类（扣非营业收入组合，无法表示意见）
30	002464.SZ	众应退	2022-06-28	深交所主板	财务类（无法表示意见）
31	300325.SZ	德威退	2022-06-28	创业板	财务类（净资产为负，无法表示意见）
32	000613.SZ	东海 A 退	2022-06-29	深交所主板	财务类（无法表示意见）

续表

序号	代码	名称	退市日期	所属板块	终止上市原因
33	300023.SZ	宝德退	2022-06-29	创业板	财务类（扣非营业收入组合）
34	300038.SZ	数知退	2022-06-30	创业板	财务类（无法表示意见）
35	600146.SH	退市环球	2022-06-30	上交所主板	财务类（未按期公布财报）
36	300367.SZ	网力退	2022-06-30	创业板	财务类（无法表示意见）
37	600870.SH	退市厦华	2022-06-30	上交所主板	财务类（扣非营业收入组合）
38	300312.SZ	邦讯退	2022-07-04	创业板	财务类（未按期公布财报）
39	300202.SZ	聚龙退	2022-07-04	创业板	财务类（无法表示意见）
40	000673.SZ	当代退	2022-07-04	深交所主板	财务类（无法表示意见）
41	600385.SH	退市金泰	2022-07-07	上交所主板	财务类（扣非营业收入组合，保留意见）
42	600090.SH	退市济堂	2022-07-07	上交所主板	财务类（未按期公布财报）
43	600555.SH	退市海创	2022-07-13	上交所主板	财务类（无法表示意见）
44	833874.BJ	泰祥股份	2022-07-18	北交所	转板上市
45	600896.SH	退市海医	2022-07-25	上交所主板	财务类（保留意见）
46	833994.BJ	翰博高新	2022-07-25	北交所	转板上市

（二）制度的"篱笆"进一步扎紧

随着注册制的推进、"退市新规"的发布，退市企业不断增加，退市标准不断被完善。现行强制退市规则中1元退市、3亿元以下市值退市、重大违法退市等标准，促使A股市场优胜劣汰进一步加速。

从具体制度看，2020年12月31日，上交所和深交所正式发布《上海证券交易所股票上市规则（2020年12月修订）》《上海证券交易所科创板股票上市规则（2020年12月修订）》《上海证券交易所风险警示板股票交易管理办法（2020年12月修订）》《上海证券交易所退市公司重新上市实施办法（2020年12月修订）》《深圳证券交易所股票上市规则（2020年修订）》《深圳证券交易所创业板股票上市规则（2020年12月修订）》《深圳证券交易所交易规则（2020年12月修订）》《深圳证券交易所退市公司重新上市实施办法（2020年修订）》等多项配套规则。

退市新规主要完善了交易类、财务类、规范类和重大违法四类强制退市指标。交易类强制退市指标变化体现在将连续20个交易日的收盘价低于面值退市改为低于1元退市，并新增总市值低于3亿元的退市指标。财务类强制退市指标取消了原来单一的净利润为负值、营业收入低于1000万元的指标，新增"扣非前后净利润孰低者为负值+扣除非主营业务和不具商业实质营业收入低于1亿元"的组合财务指标、无法表示意见或否定意见审计报告指标和净资产为负值指标，并规定了在触及以上任一指标后被实施退市风险警示情形，若第2年继续触及前述指标或被出具保留意见审计报告将被终止上市。此外，还新增行政处罚决定书认定财务造假的退市风险警示情形。规范类强制退市指标新增了"信息披露或者规范运作等方面存在重大缺陷"和"半数以上董事无法完全保证公司所披露半年度报告或年度报告的真实性、准确性和完整性"的退市指标，并细化了具体标准。重大违法类退市指标除了保留原来的指标，还新增了连续2年营业收入、净利润、利润总额和资产负债表合计"虚假记载5亿元以上+分别超过披露金额50%"的量化财务造假指标。

退市新规还规定了退市程序。取消暂停上市和恢复上市，明确连续2年触及财务类指标即终止上市；退市整理期由30个交易日缩短至15个交易日，整理期首日不设涨跌幅限制，交易类退市情形不设整理期；重大违法类退市连续停牌时点从收到行政处罚事先告知书或法院判决之日，延后到收到行政处罚决定书或法院判决生效之日等。

退市新规发布是进一步深化注册制改革的成果，完善了市场进出体系，提升了市场质量。健全出口端制度建设是匹配多元化入口端的关键，通过加强监管机构识别劣股的能力，强调中介机构的作用和责任，帮助构建优胜劣汰、有进有出的资本市场良好生态，提升了上市公司的质量，从而优化了市场资源配置。除此之外，退市新规保护投资者的合法权益，严厉打击信息披露违法的"壳公司"，帮助中小投资者规避因误差造成的重大投资风险。

（三）财务原因成企业退市主因

2022年强制退市的42家企业中，39家触及财务类强制退市指标。其中，28家企业[①]涉及被审计机构出具无法表示意见、否定意见或保留意见的审计报告，占71.79%；13家涉及调整营业收入指标，占33.33%；3家未按期公布年度报告，占7.69%。另有1家触及交易类强制退市指标，1家触及重大违法类强制退市指标，1家因未通过恢复上市程序而退市。具体情况如下。

根据退市新规，上市公司在2021年触及财务类指标被实施退市风险警示后，2022年则交叉适用各项财务类指标，任一指标不达标则会直接退市，强调了审计机构的重要性，加大了退市出清力度，避免一部分规避退市的企业继续成为"壳公司"。

一是打击利用债权债务改善财务数据的企业。如猛狮退（002684.SZ）在2021年12月31日前收到涉及12家债权人合计34.04亿元的债务豁免通知，以改善净资产情况，深交所四次向公司发出关注函均未获得完整资料，最终因审计机构未获得充分适当的审计证据而出具"无法表示意见"触发终止上市。退市金泰（600385.SH）将持有的债权转让并收到转让款，上交所立即下发问询函要求其补充业务相关细节，并强调必要时启动现场检查等监管措施。基于此，退市金泰调整会计处理继续计提减值损失，导致2021年净利润由正转负，触及"净利润为负值且营业收入低于1亿元"指标，并被出具"保留意见"的审计报告。

[①] 财务类指标有交叉，如企业退市原因可能涉及审计机构否定意见、扣非净利润为负且营业收入低于1亿元两种。

二是打击制造营业收入逃避退市的企业。晨鑫退（002447.SZ）发布 2021 年度业绩预告列明扣除后营业收入为 1.05 亿~1.4 亿元，深交所就晨鑫退子公司智慧打印业务 2021 年实现销售收入 1.01 亿元向晨鑫退发出关注函，公司坚持智慧打印业务收入不属于营业收入扣除项，但经审计的营业收入降为 3677.72 万元，又因经审计的净利润为 −9682.47 万元而触发退市。退市海创（600555.SH）发布业绩预告时表示，由于子公司重新取得房地产开发资质，公司积极推进房地产市场化销售工作，实现房地产销售收入 1.06 亿元。但 2021 年审计报告却因延伸审计受到限制，会计师事务所无法进一步就营业收入确认获取充分适当的审计证据，出具"无法表示意见"。

三是打击试图动摇审计机构独立性的企业。退市昌鱼（600275.SH）发布业绩预告的同日，公司年审会计师申请辞职。退市昌鱼收到上交所警告后重新聘请审计机构，新机构发布了业绩预告修正专项说明，调整了 2021 年的收入。退市昌鱼经审计的营业收入为 1452.56 万元，归母净利润为 −2887.74 万元。天首退（000611.SZ）被审计机构出具"无法表示意见"的审计报告，董事会发布公告表示不认可审计机构出具的"无法表示意见"，指出审计机构在审计过程中存在不客观、不尽职的情形。

除此之外，退市新亿（600145.SH）为 2022 年 A 股首家强制退市公司，触及重大违法类指标。根据上交所发布的《关于对新疆亿路万源实业控股股份有限公司、实际控制人黄伟及有关责任人予以纪律处分的决定》，退市新亿定期报告存在虚假记载（虚增保理业务营业外收入、虚增贸易收入、违规确认物业费收入、虚构抵账租金收入），未披露重大债务情况，存在非经营性占用资金的关联交易且未披露，关联担保、重要投资性房地产的调整开发事项未履行或未及时履行股东大会决策程序及披露义务等违规情况。其虚增 2018 年营业收入 1338.54 万元、利润总额 129.11 万元，占当年披露营业收入的 100%、利润总额绝对值的 5.24%；虚增 2019 年度营业收入 578.86 万元、营业外收入 7590 万元、利润总额 7931.21 万元，虚增营业收入、利润总额分别占当年披露营业收入和利润总额的 55.76%、253.99%。扣除虚增营业收入后，公司 2018 年、2019 年连续两个会计年度实际营业收入均低于 1000 万元，且 2020 年度财务会计报告被出具"保留意见"的审计报告。

*ST 艾格（002619.SZ）为 2022 年首家面值退市的公司，因连续 20 个交易日股价不

足 1 元被退市，触及交易类指标。*ST 艾格前身为巨龙管业，经营中逐步剥离混凝土输水管道业务向游戏转型，先后收购了艾格拉斯科技、北京拇指玩和杭州搜影，业绩一路高歌猛进。但 2020 年，*ST 艾格针对 2019 年财务数据发布公告称，因标的公司业绩不及预期，公司对艾格拉斯科技、北京拇指玩以及杭州搜影计提商誉减值合计逾 29 亿元，直接导致公司归母净利润亏 25.55 亿元，且扣非后净利润亏 30 亿元；2021 年，*ST 艾格表示因外部环境及游戏研发模式的调整等因素，公司新游戏未能如期上线，未形成新的收入增长点，同时继续对标的计提商誉减值，致使公司 2020 年实现营业收入仅为 1.82 亿元，同比下降 67.15%，且归母净利润亏损 12.47 亿元；此外，*ST 艾格还因资金占用、信息披露违法违规等受到深交所调查。在这种情况下，*ST 艾格股价跌至 0.56 元。

德奥退（002260.SZ）是首个不服退市决定状告交易所的企业，也是由于未通过恢复上市程序退市的企业。2019 年 5 月 15 日，德奥退因公司 2017 年、2018 年连续两年经审计的净资产为负值而暂停上市，2020 年 6 月 30 日被出具带强调事项段的"无保留意见"的审计报告，并聘请联储证券为恢复上市保荐人向深交所提交股票恢复上市的书面申请。2022 年 2 月，联储证券要求终止德奥退的恢复上市保荐服务，原因是德奥退扣非前后净利润均为负值、存在审理中的大额债务且公司投资人不和，不符合上市要求。2022 年 4 月，深交所做出德奥退终止上市的决定，理由是公司股票被暂停上市后申请其股票恢复上市，应当由保荐人保荐。德奥退不接受终止上市的决定，先向深交所提交了复核申请，后向广东省深圳市中级人民法院状告深交所。

（四）重视核心业务，夯实审计机构责任是关键

1. 退市新规强调企业要依靠核心竞争力持续发展

一方面，要根据企业战略合理规划拓展业务，在进行日常经营及投融资活动中把控风险。退市海医（600896.SH）发布公告称其利润影响因素是花费 12.35 亿元投资的禾风医院后续建造成本投入过大、股东资金支持存在不确定性以及自身融资能力不足而计提减值准备，最终导致归母净利润减少约 1.57 亿元。

另一方面,具有核心竞争力才能坚守资本市场。退市新规优化经营指标,旨在筛选出"壳公司"、缺乏核心业务的企业,特别是反复采用税款抵扣、政府补贴、变卖资产、债务清理、重组和豁免等方式进行盈余管理"保壳",不断戴帽脱帽的企业,终将退出资本市场。

2. 强化审计机构的职责,给审计机构提出更高要求

一是审计机构要提高责任意识,做好公众公司财务信息质量的"看门人"。退市新亿因触及重大违法类指标被强制退市,也让其审计机构深圳堂堂会计师事务所被大众关注。2022 年 2 月,证监会《中国证监会行政处罚决定书(堂堂所、吴育堂、刘润斌、刘耀辉)》指出,深圳堂堂会计师事务所 2018 年和 2019 年审计报告存在虚假记载和重大遗漏、审计独立性缺失、收入审计和函证程序存在缺陷等违法事实,协助退市新亿规避退市,证监会对其采取"没一罚六"的行政处罚。

二是审计机构要提高风险防范意识,审慎评估审计风险。要谨防以逃避退市为目的迟迟未聘或要求改聘审计机构的企业,结合自身审计成本和风险理性选择审计项目;必要时执行更大范围的审计程序,保证所有重大错报已揭示。如退市济堂(600090.SH)因审计签约时间短、审计流程长和工作量大而无法出具审计报告,触及退市新规中未按期出具审计报告的退市指标进入退市程序。

3. 要建立投资者风险保护机制,中小投资者要增强风险识别和自我保护能力

政策制定者和监管部门需要重视并加大对中小投资者合法权益的保护力度,要求企业制定退市补偿方案,压实企业董监高、审计机构等相关主体责任,对信息披露违法、刻意隐瞒企业重大风险以及违规利益输送的相关责任人严肃追责,保护中小投资者合法权益。

随着有进有出、优胜劣汰的市场生态形成,退市企业将越来越多,投资者要增强风险识别及自我保护能力,理性投资。同时,如果遇到企业故意欺瞒投资者的情况,必要时可以采取法律手段维护自身合法权益。

四 上市公司典型违规案例分析

2022 年，共有 962 家上市公司发生违规行为，占 A 股市场的 18.99%；监管部门作出处罚 2366 例。

从处罚对象看，针对公司 1583 例，占 66.91%；针对个人 1236 例，占 52.24%。

从处罚主体来看，证监会及派出机构 1204 例，占 50.89%，含立案调查 40 例，是 2021 年的 2.5 倍；交易所 1162 例，占 49.11%，其中上交所 406 例、深交所 744 例、北交所 12 例（见表 4-11）。

表 4-11 2022 年监管机构处罚上市公司案例情况

处罚机构		案例数量（例）	占比（%）
证监会及派出机构		1204	50.89
交易所	上交所	406	17.16
	深交所	744	31.45
	北交所	12	0.51

（一）信息披露违规

从违规类型来看，信息披露违规、公司规范运作违规、证券交易违规是最主要的违规情形。

其中，最多的是公司信息披露违规，共 1265 例，占比达 53.47%。上市公司信息披露违规已成为监管重点关注的领域。

全面注册制的基本特点是以信息披露为中心，要求证券发行人真实、准确、完整地披露公司信息。对于信息披露质量，新《证券法》要求："发行人及法律、行政法规和国务院证券监督管理机构规定的其他信息披露义务人，应当及时依法履行信息披露义务。信息披露义务人披露的信息，应当真实、准确、完整，简明清晰，通俗易懂，不得有虚假记载、误导性陈述或者重大遗漏。"在全面注册制实施的当下，监管层对于上市公司信息披露质量的重视程度正提升至前所未有的高度，"强监管、快追责、零容忍"也早已成为监管执法的共识。

结合案例来看，上市公司信息披露违规的主要情形包括：信息披露不及时（包括未及时披露重大事件和未按时披露定期报告）891例，占70.43%；信息披露虚假或严重误导性陈述496例，占39.21%；业绩预测结果不准确或不及时276例，占21.82%。

信息披露不及时方面，以兔宝宝（002043.SZ）为例，资料显示，从2022年3月26日起，经公司控股股东德华集团控股股份有限公司（以下简称德华集团）2021年股东大会审议通过，德华集团董事长丁鸿敏向德华集团的核心员工奖励其个人持有的德华集团股份，其中授予兔宝宝及下属子公司员工股份291.59万股，授予日为2021年11月5日。公司按照授予日集团的评估价值21.30亿元确认集团内股份支付费用5161.86万元，占公司2020年经审计净利润的12.82%。公司迟至2022年4月28日在2021年年度报告中披露上述事项。对此，浙江证监局认为该公司违反《上市公司信息披露管理办法》第三条、第四条，对该公司及公司高管丁涛、姚红霞、陆利华、丁鸿敏采取出具警示函的监督管理措施，并记入证券期货市场诚信档案。

信息披露虚假或严重误导性陈述方面，主要是以财务造假的方式提高利润等指标，以达到提高市值、规避退市等目的。这类案件具有三方面的特征：一是长期持续性、系统性造假，如退市济堂（600090.SH）信息披露违法违规案。2016—2019年，同济堂健康产业股份有限公司通过子公司虚构销售及采购业务、虚增销售及管理费用、伪造银行回单等方式，累计虚增收入211.21亿元、利润28.16亿元。证监会决定对同济堂责令改正，给予警告，并处以罚款，同时对相关人员采取市场禁入措施。二是资金经过多次周转循环，如退市新亿（600145.SH）信息披露违法违规案。2018—2019年，新疆亿路万源实业控股股份有限公司通过虚增保理业务营业外收入等方式虚增利润，款项经过20余次周转循环，连续两年财务报告严重失实，财务指标触及退市标准，2022年3月公司股票终止上市。证监会决定对其实施警告并处以罚款。三是造假链条完整，存在上下游及相关机构的配合行为，如金正大信息披露违法违规案。本案是一起上市公司虚构贸易造假的典型案件。2015年至 2018 年上半年，金正大生态工程集团股份有限公司通过虚构与供应商、客户之间的贸易业务，累计虚增收入 230.73 亿元、利润 19.89 亿元。证监会决定对金正大罚款，对相关责任人罚款并采取市场禁入措施。

业绩预测结果不准确或不及时方面，以 *ST 必康（002411.SZ）为例，2021 年 10 月，*ST 必康披露了《2021 年度业绩预告》，预计当年归母净利润为 9.5 亿~10 亿元；但 2022 年 4 月 30 日，公司又披露了《业绩预告修正公告》，称 2021 年的净利润为亏损 7.8 亿~8.8 亿元。对此，证监会认为，*ST 必康此前披露的业绩预告相关信息不准确，且业绩修正严重滞后，违反了《上市公司信息披露管理办法》第三条第一款、第十七条的规定，上市公司本身及相关人员被出具了警示函。再如，2022 年 1 月 29 日，爱旭股份（600732.SH）披露《2021 年年度业绩预亏公告》，预计公司 2021 年度实现归母净利润约为 −7000 万~−1000 万元。2022 年 4 月 22 日，公司披露《2021 年年度业绩预告更正公告》，预计公司 2021 年度实现归母净利润约为 −14000 万~−8000 万元。2022 年 4 月 30 日，公司披露 2021 年年报，实现归母净利润 −12555.51 万元。上交所认为，公司业绩预告披露不准确，归母净利润差异幅度达 79.36%，影响了投资者的合理预期。同时，公司迟至 2022 年 4 月 22 日才发布业绩预告更正公告，更正公告披露不及时，予以监管警示。

（二）公司规范运作违规

公司规范运作类违规 801 例，占 33.85%，主要是资金占用、违规担保等。资金占用、违规担保直接侵害上市公司利益，反映出公司存在"三会"治理不规范、内部控制失效等问题。

资金占用方面，2022 年以来共有 66 家上市公司因资金占用被监管处罚，其中，通过预付货款、融资款等划转资金、违规拆借、上市公司为控股股东代垫代付费用等较为常见。如金沙江投资信息披露违法违规案，2021—2022 年，生物谷（833266.BJ）控股股东金沙江投资有限公司、实际控制人林某通过关联交易累计占用生物谷资金 3.56 亿元。2021 年 11 月至 2022 年 1 月，生物谷向第三方机构背书银行承兑汇票，背书转让款未打回公司，控股股东自认背书转让款转入金沙江，金沙江通过该方式累计占用公司资金 7876.44 万元。2021 年 8 月起，生物谷委托银丰泰基金理财资金 2.65 亿元，委托国深融资租赁理财资金 0.12 亿元。其后，理财资金通过多家第三方转给金沙江及其关联方，占用公司资金 2.77 亿元。对此，北交所对金沙江、生物谷及相关人员给予通报批评的纪律处分。

违规担保方面，2022 年，共有 20 例违规担保处罚事件。以 *ST 天润（002113.SZ）为例，2018 年违规担保发生额为 5.14 亿元，累计担保余额为 21.27 亿元。违规担保发生额占当年净资产的比例为 22.39%，累计担保余额占当年净资产的比例为 92.66%。2018 年 4 月，中财招商与恒润互兴关联方金润投资签订借款合同，约定金润投资向中财招商借款 1.49 亿元。*ST 天润出具《连带保证承诺函》，为金润投资的上述债务提供担保。同日，陈某与公司控股股东恒润华创签订借款合同，约定恒润华创向陈某借款 1 亿元，公司出具《连带保证承诺函》，为恒润华创的上述债务提供担保。对此，证监会对其公开处罚、公开批评并责令改正，对相关人员公开处罚、公开批评并采取市场禁入措施。

（三）证券交易违规

—●·●·●·●—

证券交易类违规共 670 例，占比 28.32%。具体来看，限制期买卖行为达到 283 例（42.24%），内幕交易违规达 175 例（26.12%），市场操纵违规 78 例（11.64%）是证券交易违规行为的主要集中地。

限制期买卖行为方面，一是原始股东违反承诺在限制期买卖，如上海瀛翊违规减持。上海瀛翊投资中心作为药明康德（603259.SH）的原始股东，于 2021 年 5 月至 6 月，违反相关承诺，违规减持药明康德股票金额 28.94 亿元，被处以 2 亿元罚款。二是高管在信息披露前交易。新疆众和 2022 年 8 月 24 日披露 2022 年半年度报告。郭某作为公司副总经理，于 2022 年 7 月 25 日通过二级市场集中竞价交易卖出公司股票 5 万股，成交金额为 49.65 万元。新疆证监局认为，其在半年度报告公告前 30 日内卖出公司股票的行为，违反了《上市公司董事、监事和高级管理人员所持本公司股份及其变动管理规则（2022 年修订）》第十二条、《上市公司股东、董监高减持股份的若干规定》第七条的规定，对其采取出具警示函的监督管理措施，并记入证券市场诚信档案。

内幕交易违规方面，"靠内部消息炒股获利"的市场陋习仍未根除，并购重组、实际控制人变更等重大事件仍是内幕交易高发领域。比如，唐某等人内幕交易案就是一起并购重组环节内幕交易窝案的典型案例。2017年8月，鑫茂科技（000836.SZ）公告收购微创（上海）网络技术有限公司全部股权。上述内幕信息公开前，内幕信息知情人唐某控制多个账户买入鑫茂科技股票，尤某、秦某等人通过上市公司实际控制人徐某获知内幕信息后买入鑫茂科技股票。再如俞某泄露内幕信息案。该案是一起上市公司实际控制人泄露内幕信息的典型案例。2020年7月，宜宾市叙州区政府拟与*ST安控（300370.SZ）建立战略投资合作关系。*ST安控实际控制人俞某将相关信息泄露给朋友，导致他人内幕交易安控科技股票。

市场操纵违规方面，以*ST宜康（000150.SZ）为例，2017年7月至2019年3月，宜华企业（集团）有限公司联合私募机构控制使用132个证券账户，利用资金优势、持股优势，采用盘中连续交易、对倒交易等方式操纵宜华健康股票。证监会对宜华集团共同操纵市场行为，责令依法处置非法持有的证券并处罚款；对直接负责人刘绍喜给予警告并处罚款。

此外，定期报告不保真，董监高履职情况各异等现象仍存在。部分董监高无法保证定期报告的真实、准确、完整，不签署书面确认意见，以此规避法律责任，全年共处理12例。具体体现在：一是完全不履职、未发表意见。如退市中新的某位监事因此被公开谴责。二是过度依赖中介机构的意见，依赖外部机构替代个人履职。如退市中天的某位监事仅以审计报告和内部控制审计报告无法表示意见为由，无法保证年度报告真实、准确、完整，被通报批评。三是若有证据证明公司未为董监高履行年度报告审议相关职责提供充分保障，公司也应承担相应责任。如ST万林直至董事会召开当天才向独立董事发送年度报告审议材料，被处理。

2022年11月23日，《推动提高上市公司质量三年行动方案（2022—2025）》实施。证监会表示，2023年将继续加强发行监管与上市公司持续监管的联动，规范上市公司治理。因此，上市公司要聚焦推动提高上市公司质量的目标，贯彻落实"零容忍""三及时"要求，积极应对资本市场监管的新形势和新要求，真正树立敬畏市场、敬畏法治的合规意识，稳妥处置复杂疑难问题，重视保护中小投资者合法权益，推动形成各方归位尽责、市场约束有效的良好市场生态，全力促进上市公司的高质量发展。

五 重庆境内民营上市公司发展分析

民营经济是社会主义市场经济的重要组成部分，是推动我国经济发展不可或缺的力量，在实现高质量发展中具有重要作用。2022 年，重庆民营企业实现增加值 1.7 万亿元，同比增长 3%，高于 GDP 增速 0.4 个百分点，占全市 GDP 比重达到 59.7%。作为民营企业优秀代表，民营上市公司对民营经济发展起到模范带头作用和示范引领效应。

（一）特征：发展势头强劲

近年来，重庆市委、市政府高度重视民营经济发展。市委六届二次全会对民营经济发展作出全面部署，市政府工作报告用专章对民营经济进行工作安排。重庆民营企业加快发展，上市步伐进一步加快，2022 年新增的上市公司均为民营企业。截至 2022 年年末，重庆 70 家境内上市公司中，民营企业 40 家，占 57.14%，较上年提升 4.76 个百分点，民营上市公司的比重进一步增加，民营企业已经成为重庆境内上市公司的主力军。

夯实实体经济根基。分门类行业看，重庆境内上市民营企业，制造业 27 家，占 67.50%；房地产业 4 家，占 10.00%；信息传输、软件和信息技术服务业 2 家，占 5.00%；文化、体育和娱乐业，水利、环境和公共设施管理业，批发和零售业，科学研究和技术服务业，交通运输、仓储和邮政业，建筑业，采矿业各 1 家，各占 2.50%。整体来看，在建设国家重要先进制造业中心背景下，重庆着力打造"33618"现代制造业集群体系，重庆境内上市民营企业特别是制造业民营企业通过技术改造、研发投入，多层次、全方位提高持续发展能力，企业核心竞争力不断增强。

规模持续发展壮大。市值方面，截至 2022 年年末，重庆境内上市民营企业市值为 4044.83 亿元，占重庆境内上市公司总市值的 40.33%。其中，制造业境内上市民营企业市值为 3288.06 亿元，占 81.29%。资产规模方面，重庆境内上市民营企业资产规模为 6171.69 亿元，占重庆境内上市公司的 17.76%。营业收入方面，2022 年重庆境内上市民营企业营业收入为 2425.15 亿元，占重庆境内上市公司的 33.28%。

科技创新能力增强。40 家重庆境内上市民营企业中，有 36 家公布了 2022 年的研发费用，合计 55.04 亿元，同比增长 25.42%，占重庆境内上市民营企业总研发费用的 46.85%。研发费用与营业收入比为 2.27%，高于重庆境内上市公司平均水平 0.66 个百分点，分别高于国有上市公司、外资上市公司 0.98 个百分点、1.27 个百分点。此外，重庆境内上市公司的 14 家专精特新企业中，民营上市公司有 10 家，占 71.43%。录得 26 家上市公司公布专利权账面价值数据，其中 15 家为民营上市公司，共 2.28 亿元，占 51.82%。

企业活力进一步凸显。资产周转率方面，2022 年重庆境内上市民营企业平均资产周转率为 0.38 次，较重庆境内上市公司平均水平高 0.17 次，较国有境内上市公司高 0.21 次。存货周转率方面，2022 年重庆境内上市民营企业平均存货周转率为 0.70 次，同比增长 0.02 次，表明民营上市公司在库存货物周转上进一步加快。人均创收方面，2022 年，虽境内上市民营企业总员工数较上年有所减少，但人均效能进一步提升，平均人均创收为 155.52 万元，较上年（153.84 万元）提升 1.68 万元。

回报贡献持续提高。2022 年，重庆境内上市民营企业年度分红总额为 33.72 亿元，较上年增长 3.55 亿元，增长 11.77%。其中，博腾股份年度分红额增长 473.33%。值得一提的是，2022 年新增上市的 6 家上市公司中，4 家分红共计 1.16 亿元。税费贡献方面，重庆境内上市民营企业支付的各项税费达 140.93 亿元，占比为 26.17%。职工薪酬方面，重庆境内上市民营企业职工薪酬共计 240.13 亿元，占比为 38.92%。企业增加值方面，重庆境内上市民营企业增加值为 202.70 亿元。

（二）挑战：面临深层次难题

结构有待优化。从所属行业来看，重庆境内上市民营企业主要集中于制造业领域，占比近七成；信息传输、软件和信息技术服务业，批发和零售业等行业企业占比较少。在制造业中，分大类行业看，医药制造业、非金属矿物制品业、电气机械和器材制造业上市公司数量排前 3 位，分别有 6 家、4 家、3 家，分别占比 22.22%、14.81%、11.11%。民营上市公司结构与重庆打造优智能网联新能源汽车、新一代电子信息制造业、先进材料这三大万亿级产业集群不相匹配。

经营效益震荡。2022 年，受宏观经济影响，重庆境内上市民营企业整体经营效益下降，营业收入共计 2425.15 亿元，同比下降 9.77%；净利润共计为 −178.27 亿元，同比下降 210.88%。其中，28 家实现盈利，但 18 家集中于 0~2 亿元，占盈利企业的 64.29%。从净利润增幅来看，15 家实现增长，占 37.50%，25 家出现下降，占 62.50%，且降幅超 100% 有 6 家。

高素质人才不足。截至 2022 年年末，重庆境内上市民营企业拥有员工 155940 人，其中人才总量15956 人，较上年（18232 人）减少 2276 人，占重庆境内上市公司人才总量（42963 人）的 37.14%；研发人员数量 9729 人，较上年减少 6227 人，同比下降 39.03%。

（三）机遇：最好的时代

2022 年 12 月召开的重庆市委六届二次全会的决议、2023 年 1 月重庆两会发布的市政府工作报告都首次以专章的形式对民营经济发展作出安排部署。

2023 年 4 月 14 日召开的市委常委会强调，要推动高质量发展，建设现代化新重庆，民营经济是重要主体，只能壮大、不能弱化。

6 月 19 日，重庆市委书记袁家军在推动民营经济高质量发展大会上强调，要进一步优化发展环境、提振发展信心、激发发展活力，凝聚促进重庆民营经济高质量发展的强大合力，推动民营经济在总量规模、创新能力、发展质量、民间投资、社会贡献、营商环境六个方面大幅提升。把重庆打造成为西部地区营商环境排头兵、内陆地区民营经济健康发展新高地、全国民营企业家健康成长的示范城市。

同日，《中共重庆市委、重庆市人民政府关于促进民营经济高质量发展的实施意见》发布，明确推动民营经济创新发展、拥抱数字变革、绿色低碳发展，激发民间投资活力和潜力，化解民营经济发展困难问题，开创民营经济发展新局面，推动民营经济成为现代化建设、高质量发展的主力军。

（四）对策：助推高质量发展

——●·●·●·●——————————————————

首先，聚焦重点民企，扩大上市阵容。

《2022 重庆民营企业 100 强调研分析报告》显示，2021 年重庆民营百强企业营业收入总额为 1.45 万亿元，增长 5.62%；资产总额为 2.39 万亿元，增长 9.63%；税后净利润为 1030.17 亿元，增长 17.81%。但百强企业中，实现上市的仅 16 家，需要充分调动民营企业尤其是民营百强企业的上市积极性，实现多点开花，全面突破。但调研分析发现，民营企业上市主要存在以下问题：一是经营观念滞后。企业错误认为上市后股权分散会导致让出利润乃至"改朝换代"，担心失去对企业的控制权；同时，"守摊子"思想严重，认为不急需资金便无上市必要，小富即安、小进即满。二是改制上市成本较高。拟上市企业股改需要补交企业所得税和个人所得税，数额巨大；企业能否跑到"终点"具有不确定性，且中介机构费用较高，增加企业成本。三是企业经营管理不完善。民营企业中家族企业多，股权关系复杂、运作透明度较低，法人机制不完善。

一方面，要促民营企业转变观念。鼓励和引导企业家解放思想，致力创新，克服"小富即安""小进即满"的思想，树立打造"百年老店"和"跨国集团"的长远目标。另一方面，要深化税制改革。企业股改后，在合法合规的框架下，让企业分期缴纳企业所得税和个人所得税，或实现上市后缴纳；加强与中介机构沟通，中介机构费用与能否实现上市挂钩，降低企业上市成本。同时，促进规范经营。指导和帮助企业健全组织体系，规范财务制度，塑造企业文化，完善法人治理结构，实现从封闭式家族治理企业向开放式公众公司的转变，加快建立现代企业制度。

其次，提升经营效率，促进公司发展。

坚持"两个毫不动摇"，优化民营企业发展环境。要鼓励民营上市公司围绕主业开展产业链强链补链的并购整合，积极开展股权激励等企业内部管理制度改革，激活企业团队的积极性。要抢抓全面注册制实施机遇，借助发行债券、再融资等资本市场融资工具，加大投资力度，增强持续发展动力。要探索创新商业模式，调整企业结构，加强精细管理和成本管理，转换增长动力，为企业价值创造提供内部保障。要加强自身的技术储备和人才队伍建设，充分发挥民营经济机制灵活、市场嗅觉敏锐的优势，积极拓展科技合作，加快产业升级步伐，推动企业更好地发挥自主创新的作用。要坚持在自己擅长的领域深耕细作，加大科技研发投入，加快科技自立自强和科技成果转化，不断筑牢发展根基，提高核心竞争力。

最后，加强人才引育，凝聚创新动力。

一是鼓励民营上市公司与高校、科研院所产学研合作，探索构建"人才＋项目""人才＋产业""人才＋课题"的高端人才引进模式，以产业链带动人才引育链，构筑"以产聚才、以才兴产"的良性互动格局。二是强化自身人才培育。通过高等院校进修、先进地区考察、网络远程教育等方式，不断提高人才的综合素质，着力建设一支高素质专业化队伍，让高素质人才在企业发展中挑大梁、唱主角。三是搭建人才平台。人才平台是培养人才、造就人才的"基石"，是吸引人才、集聚人才的"磁石"。支持有条件的民营上市公司自建或共建博士后科研工作站、博士研究生实践基地，激活招才引智"强磁场"。

六　重庆"33618"上市公司发展分析

重庆市推动制造业高质量发展大会明确，着力打造"33618"现代制造业集群体系，构建"四梁八柱"。"33618"现代制造业集群具体是指未来五年全力打造"3 大万亿级主导产业集群""3 大五千亿级支柱产业集群""6 大千亿级特色优势产业集群"并培育"18 个'新星'产业集群"，其中涵盖新能源汽车、电子信息制造业、先进材料等领域。2022 年年末，重庆境内上市公司中，属于"33618"现代制造业集群体系的共 41 家，以 15.44% 的总资产贡献了重庆境内上市公司 61.96% 的产能投资、50.33% 的营业收入、97.74% 的净利润、66.48% 的市值，已经成为重庆上市公司的中坚力量。

（一）高端制造业增量优势突出

具体来看，41 家"33618"现代制造业领域的上市公司中，属于"3 大万亿级主导产业集群"的上市公司有 13 家，"3 大五千亿级支柱产业集群"的上市公司有 13 家，"6 大千亿级特色优势产业集群"的上市公司有 15 家。

从所属行业看，以制造业领域为主。特别是智能网联新能源汽车、智能装备及制造、新一代电子信息制造业、生物医药、新能源及新型储能等重庆优势领域产业发展较为突出。从大类行业看，医药制造业 8 家；汽车制造业 5 家；非金属矿物制品业 4 家；电气机械和器材制造业，铁路、船舶、航空航天和其他运输设备制造业各 3 家；通用设备制造业，食品制造业，计算机、通信和其他电子设备制造业，化学原料和化学制品制造业，电力、热力生产和供应业各 2 家；专用设备制造业，有色金属矿采选业，仪器仪表制造业，软件和信息技术服务业，金属制品业，互联网和相关服务，黑色金属冶炼和压延加工业，废弃资源综合利用业各 1 家。

随着产业的转型升级，重庆以高端装备、先进材料等为代表的现代制造业上市公司增量优势突出。2022 年，新增的 6 家上市公司均属于"33618"现代制造业领域。

（二）"挑大梁"发挥示范带动作用

从创新能力看，37 家公布数据的"33618"上市公司研发费用共计 108.78 亿元，较上年增长 25.02%，占重庆境内上市公司研发费用的 92.59%。该领域中，80% 以上的上市公司研发费用较上一年增长。从研发投入强度看，研发费用占营业费用的 3%，较重庆境内上市公司平均水平高 1.4%。

从造血能力看，41 家"33618"上市公司共进行产能投资 187.34 亿元，占重庆境内上市公司的 61.96%；8 家上市公司进行企业战略性股权投资或对外并购 13.43 亿元，占 51.03%。如国城矿业通过对外部优质矿产资源布局，提高企业的资源保有量，收购国城常青 100% 份额，间接持有金鑫矿业 48% 股权，从而布局优质锂矿资源，切入新能源产业上游核心领域。

从引领带动作用看，41 家"33618"上市公司资产规模为 5368.20 亿元，营业收入为 3666.91 亿元，净利润为 197.41 亿元，员工人数为 17.85 万人。发展质量方面，41 家"33618"上市公司整体毛利率为 21.67%，高于重庆境内上市公司整体水平。销售净利率 5.38%，约为重庆境内上市公司整体水平的一倍。人均创收 205.41 万元，低于重庆境内上市公司平均值。人均创利 11.06 万元，约为重庆境内上市公司整体水平的一倍。整体来看，"33618"上市公司盈利能力较强。以长安汽车为例，2022 年实现汽车销量 234.6 万辆，同比增长 2.0%，市占率同比持平；长安系中国品牌汽车销售 187.5 万辆，同比增长 6.8%，居行业第 2；长安系新能源车销量突破 27 万辆，增速大幅高于新能源汽车行业。其董事长朱华荣表示，长安汽车正在深入推进新能源"香格里拉"计划、智能化"北斗天枢"计划和全球化"海纳百川"计划，以科技创新驱动企业向科技公司转型，力争到 2030 年实现销量 500 万辆，实现收入 5000 亿元，进入全球行业前十位，在推动重庆建成智能网联新能源汽车万亿级主导产业集群中"挑大梁"。

（三）转型升级助推打造智能制造高地

　　"数字重庆"建设为推动现代制造业领域上市公司高质量发展指明了方向。一是要推动现代制造业领域的上市公司深度参与全国产业链合作。龙头企业要深入对接实施好国家产业链关键环节产能储备和备份部署，推动科技创新、信息网络等产业配套设施共建共享，密切与京津冀、长三角、粤港澳大湾区及长江经济带其他省份的产能和技术合作，加强与西部省份能源、资源和产业领域的合作。二是要积极发挥产业引导基金作用。2023 年 5 月 19 日，总规模达 2000 亿元的重庆产业投资母基金成立。该基金以"子基金 + 直投"的方式运作，子基金分为行业基金、区域基金、专项基金，将聚焦重庆万亿级智能网联新能源汽车、电子信息等产业集群，与头部投资机构、产业方共同组建子基金群。关注有意到重庆发展的市外先进制造业重大项目，重庆先进制造业链主企业、专精特新企业、科创型企业、拟上市企业、制造业产业生态链关键环节等重庆企业，以推动重庆产业强链、扩链、补链、延链。可用好该基金，积极构建资本、产业、政府协同的创新生态体系，通过基金股权投资的方式，培育和扶持头部优质企业，解决中小企业募资难问题，发挥市场化基金识别、挖掘、培育优质创新项目的功能优势，加速推动国内相关领域成果落地重庆，赋能产业提质增效；同时，推进资本与产业融合，通过市场化运作，积极招引国内外优质现代制造业企业总部、生产基地和领军人才等落户重庆，优化产业链结构。三是要推动制造业领域上市公司加快数字化转型。推动现代制造业领域上市公司积极融入"数字重庆"建设，充分利用大数据、物联网、人工智能、区块链等数字基础设施和技术手段，重构面向未来的发展战略、商业模式、管理制度和创新体系，全面推进覆盖生产、流通、经营、管理等各环节的全产业链数字化改造。探索打造数字化车间、智能工厂，布局数据中台，促进企业生产、运营、管理、销售等服务整体跃升，树立行业标杆，打造"重庆造"知名品牌。

七　自律组织引领中介服务机构助推企业上市促进资本市场高质量发展

《国务院关于进一步提高上市公司质量的意见》提出，要充分发挥自律管理作用，全力助推上市公司高质量发展；中介服务机构要严格履行核查验证、专业把关等法定职责，为上市公司提供高质量服务。这是新时代党中央、国务院对提高上市公司质量作出的系统性、针对性的重大部署，是推动上市公司高质量发展的纲领性文件。2022 年年底，新一轮推动提高上市公司质量三年行动方案启动实施，在优化制度规则体系、聚焦公司治理等 8 个方面提出更高要求。重庆上市公司协会、重庆市注册会计师协会、重庆市律协协会、保荐机构、会计师事务所、律师事务所等自律组织和中介服务机构充分发挥自律管理和专业把关作用，积极推动企业上市工作，维护证券市场秩序，促进资本市场高质量发展。

（一）自律组织服务情况

1. 重庆上市公司协会

重庆上市公司协会是中国证券监督管理委员会重庆监管局（以下简称"重庆证监局"）指导、重庆市民政局监督管理的上市公司地方性自律组织。该协会秉承"自律、服务、规范、提高"的宗旨，坚持服务地方经济、资本市场、上市公司的工作理念，围绕监管部门工作重点和会员单位需求，结合重庆资本市场发展特点、热点，推进自律管理，提升服务能力，加强沟通交流，引导会员单位规范运作，提高上市公司治理水平，促进重庆上市公司高质量发展与资本市场体系的建设。截至 2022 年年末，重庆上市公司协会（以下简称"上市公司协会"）共有会员单位 84 家，其中上市公司 71 家（含 H 股 1 家），拟上市公司 4 家，中介服务机构 9 家。

2022 年，在重庆证监局的指导下，上市公司协会切实发挥行业自律管理作用，推动上市公司提升发展质量。

(1) 推进高质量党建与日常工作贯通融合。

上市公司协会联合党支部以习近平新时代中国特色社会主义思想为指导，增强"四个意识"、坚定"四个自信"、坚决做到"两个维护"，把学习贯彻落实习近平新时代中国特色社会主义思想和党的二十大精神作为首要政治任务，坚定政治立场，坚定不移贯彻党中央各项决策部署，持续推进党建工作与日常工作贯通融合，积极做好宣传工作，持续通过上市公司协会内刊及官方微信公众平台宣传党的二十大精神及企业优秀党建工作经验，与上市公司开展联学联建，互学互鉴，以高质量党建引领上市公司高质量发展，实现两手抓、两促进、两提高。

(2) 围绕会员单位实际需求开展培训。

一是发挥双向传导功能，做好与监管部门、中国上市公司协会的对接工作，及时传达、宣贯监管政策。结合中国上市公司协会推送的线上专题培训，督促各会员单位组织相关人员学习，及时将最新修订的监管政策法规、监管典型违法违规案例进行拆解，不断提高上市公司责任意识。二是结合会员单位实际需求，充分利用各类新媒体渠道，分类别、分层次、多形式开展培训。在重庆证监局的指导下，强化董事长、总经理等"关键少数"人员的合规意识和自律意识，持续组织开展辖区上市公司、拟上市公司董监高培训。邀请中国证监会、沪深交易所、知名中介机构专家，对监管重点要求进行深入讲解。针对新增上市公司董监高进行专题培训。三是针对资本市场热点及监管重点，开展公司治理、并购重组、信息披露、财务造假典型违法案例警示、资金占用、违规担保典型案例等专题培训。

(3) 强化会员单位交流与服务。

加强上市公司高质量发展经验交流。一是持续强化正面引导，联合兄弟上市公司协会举办生物医药、汽车制造行业交流活动，助力辖区上市公司抢抓成渝地区双城经济圈建设机遇，推动两地产业链、资金链、人才链的深度融合。二是充分发挥桥梁纽带作用，挖掘、总结上市公司在完善公司治理、内部控制等典型经验，邀请优秀企业管理者就上市公司再融资、业绩说明会最佳实践、提高上市公司质量等经验进行分享，促进交流学习。三是围绕多层次资本市场建设，联合开展拟上市公司、新三板的培训等服务工作，利用上市公司人才优势，发挥"传、帮、带"作用，积极为地方经济发展服务。为推动 ESG 与企业经营深度融合，助力上市公司及资本市场体系持续健康发展，协会联合深交所重庆服务基地举办 ESG 投资与企业社会责任交流会，为上市公司提高 ESG 信息披露质量提供服务。

提升信息整合能力，畅通与会员单位的沟通渠道。上市公司协会积极整合资源，加强与行业协会、智库组织的工作联系，在培训师资、联办活动等方面实现资源共享，提高服务上市公司的水平，为会员单位赋能。通过问卷调查、电话交流、实地走访等形式，收集、了解企业经营情况、意见及诉求；走访调研辖区多家拟上市公司，积极推进企业上市服务工作；关注辖区资本市场动态，积极向监管部门和相关单位反映协调，帮助拟上市及上市公司解决实际问题。

（4）做好上市公司投资者保护工作。

根据中国证监会投资者保护专项行动工作要求，开展形式多样的投资者保护活动，督促上市公司加强投资者关系管理。一是加强对上市公司召开业绩说明会的宣传引导和服务，督促上市公司注重业绩说明会召开质量。二是倡导上市公司完善现金分红机制，建立多元化投资者回报体系，积极回报投资者。三是组织辖区上市公司开展"股东来了""世界投资者周""走进上市公司"等活动，增强投资者对上市公司的了解，推动上市公司加强投资者关系管理工作。四是在"3·15 消费者权益保护日""5·15 全国投资者保护宣传日"等重要时点开展专题活动，号召上市公司加强投资者关系管理工作，尊重投资者、敬畏投资者、保护投资者。五是加强投资者保护宣传，在微信公众平台持续推送"读懂上市公司年报""投资者关系管理"等相关内容，通过动漫、音频等方式向投资者普及相关知识。六是持续开展投资者关系管理情况自律评价工作和投资者网上集体接待日活动。

2. 重庆市注册会计师协会

重庆市注册会计师协会（以下简称"重庆注协"）作为全市注册会计师行业的自律性社会团体，在维护资本市场秩序和社会公众利益、提升会计信息质量和经济效率等方面发挥了重要作用，持续推动重庆资本市场高质量发展。

截至 2022 年年末，重庆市从事证券服务的特殊普通合伙制会计师事务所共 142 家（康华总分所合并计算），注册会计师 1970 人、其他从业人员 4903 人；实现业务收入160074.93 万元，较上年减少 179.36 万元，降低 0.11%。这些事务所为上市公司提供 IPO 审计、年报、中期财务报表审计、内部控制审计、预测性财务信息审核等鉴证服务，为政府及其职能部门提供管理咨询等，为全市产业升级、企业上市、战略规划、管理咨询、并购重组、投资决策等提供专业服务，对于提高企业发展质量和效益发挥着重要作用，为重庆经济高质量发展，特别是资本市场的高质量发展做出了重要贡献。

重庆注协充分发挥桥梁纽带作用，主持召开部分会计师事务所证券业务交流座谈会，听取会计师事务所在服务重庆上市企业业务过程中存在的困难，以及对政府部门推动上市企业发展的意见和建议，整合优质资源，为推进企业上市、服务资本市场发展做出积极贡献。引导会计师事务所对接资本市场，发挥注册会计师专业优势，组织开展财务方面的培训，帮助拟上市公司全面掌握实务操作要点。针对企业上市前的难点、堵点做好系统化咨询服务，为企业股份制改造、投融资对接、企业规范管理、财务规划等提供优质服务。

2022 年，立信、天健、天职国际等 5 家会计师事务所帮助 6 家重庆企业实现境内上市，实现融资 41.56 亿元。此外，立信、天健、信永中和等 5 家会计师事务所为 12 家拟在境内交易所上市并进入审核环节的企业提供 IPO 审计服务；11 家会计师事务所为 25 家已进行上市辅导备案的企业提供审计服务。

3. 重庆市律师协会

重庆市律师协会（以下简称"市律师协会"）是由重庆市律师和律师事务所组成的社会团体法人，是地方性的律师自律组织，在建设规范、透明、开放、有活力、有韧性的资本市场中发挥着重要作用。

2022 年，市律师协会坚持以习近平新时代中国特色社会主义思想为指导，在重庆市司法局党委和重庆市律师行业委员会党委领导下，积极应对挑战，紧紧围绕高质量发展主题，推进落实 100 项重点工作任务，律师服务平稳发展，行业管理提质增效，积极推动企业上市和资本市场高质量发展。

（1）进一步牵头落实"黄桷树计划"。

认真贯彻落实企业上市辅导专项行动——"黄桷树计划"工作要求，积极配合开展上市辅导各项工作，协助制订企业上市辅导实施计划，为市内外多家企业赴香港上市提供法律意见。同时，针对重庆一批具备上市潜质但缺乏利用资本市场发展壮大意识和能力的企业，积极安排协调律师进行培训，围绕"全面注册制""2022 年资本市场主要监管政策梳理""北交所上市机遇""上市公司董监高执业风险""注册制下企业上市需注意的法律问题"等主题，为各区县政府、机构及企业等单位提供专题授课培训 10 余次。

（2）强化行业执业交流培训。

市律师协会资本市场与证券专业委员会积极引导律师事务所围绕资本市场律师执业风险控制、证券诉讼业务、证监会最新监管政策、律师从事 IPO 业务指引、全面注册制下企业 IPO 的机遇与路径选择等内容，进行执业专题交流。围绕重庆多个 IPO 重点项目开展技能交流和业务指导。安排律师代表赴成都与四川省律师协会金融证券专业委员会、成都市律师协会金融与保险法律专业委员会、中伦律师事务所成都分所、康达律师事务所成都分所等交流成渝两地与证券法律服务对接；同时，带领重庆律师行业代表与广州、深圳、贵阳、昆明等地资本市场律师行业代表交流资本市场法律服务执业经验。围绕《证券法》和中国证监会、交易所出台的一系列规章和规范性文件等，动员、组织、安排委员或律师为企业、协会、机构、律所等单位开展 10 余场专题培训；围绕帮助企业家定决心出思路、境内 IPO 审核注册、IPO"红线"等内容，开展"以资本市场为导向的律师服务"云课堂培训，提高律师行业服务上市公司、资本市场的执业能力。围绕资本市场的重点和热点，动员、组织、安排委员或律师撰写、公开发表相关专业实务文章 10 余篇。

（3）强化资本市场法律服务。

市律师协会引导资本市场与证券专业委员会成员积极为重庆银行、西南证券、渝农商行、蓝黛科技、三羊马、四方新材、三圣股份、华邦健康、神驰机电、正川股份等上市公司提供日常服务。

针对投资并购、破产重组的法律服务进行业务指引与实务培训。编撰出版《法律尽职调查实操详解——以光伏项目为例》，编撰《关于在投资并购项目中开展尽职调查工作的法律风险提示》《关于尽职调查工作内容、工作成本及收费的参考建议指引》等投资并购工作指引，成为企业开展投资并购重组的法律服务参考工具。组织开展破产重组清算政策宣讲咨询和"每月一讲"等专题业务培训交流 30 余场次，参加重庆破产法庭主持的破产文书样式编写。全市律所办理破产重组清算案件 344 件，其中新华信托破产清算案成为《信托法》颁布之后和《企业破产法》实施以来的首例信托公司破产案。

（4）助力营商环境创新城市建设试点。

举办"律师视角谈营商环境"沙龙活动，首发《营商环境政策宣传手册》，与重庆市高级人民法院、重庆破产法庭研究交流提升司法服务评估指数，推进营商环境创新试点，以一流司法高地建设助推打造一流营商环境，推动企业上市和资本市场高质量发展。

（5）联合出品《重庆上市公司发展报告》。

为深入贯彻党的二十大报告关于推动成渝双城经济圈建设的精神，落实成渝共建西部金融中心规划，系统性、年度性总结分析重庆地区上市公司发展情况，推动企业上市工作和上市公司高质量发展，助力西部金融中心建设，市律师协会联合西部金融研究院、江北嘴财经智库等单位积极推动编撰《重庆上市公司发展报告》，成为推动企业上市、促进上市公司高质量发展的"工具书"。参与重庆市注册会计师协会、西部金融研究院、江北嘴财经智库等开展的有关推动企业上市和上市公司高质量发展方面的研讨与交流。

（二）中介服务机构服务情况

保荐机构、审计机构、法律服务机构等中介服务机构是资本市场的"看门人"，对企业披露的信息"把关"，不仅是企业上市的推动者，更是服务市场、服务投资者、服务监管机构的重要力量。

1. 保荐机构

证券公司作为资本市场的重要中介服务机构，在服务企业融资方面扮演着不可或缺的角色。作为证券市场投融资服务的提供者，证券公司能够为企业提供证券发行、上市保荐、承销、财务顾问等服务。以西南证券为例，其发挥股权、债券、并购重组等投资银行业务优势，为成渝地区企业发展提供融资服务，助推成渝地区企业高质量发展。2022 年，西南证券在成渝地区开展投行业务项目 15 个，为企业融资 114.71 亿元。其中，助力重庆水务环境集团完成资产并购，成为 2022 年重庆单笔规模最大的并购项目；服务重庆渝富集团发行 10 年期债券，成为重庆首单 10 年期公司债；服务重庆空港新城公司、重庆江津区珞璜开发建设有限公司发行债券，创 2017 年以来重庆地区同评级同期限企业债票面利率最低纪录。通过新三板业务，帮助渝欧跨境、阿泰可、新申新材、飞翔股份 4 家重庆企业在新三板融资超 1.5 亿元。以定制化资管产品为抓手，为重庆国有企业开展投融一体的金融咨询及资产管理服务，设计出以成渝城投债为主题特色的"聚源系列"城投债投资产品、"聚益系列"单一定制类产品；牵头推进重庆公租房公募 REITs 项目，助力盘活重庆存量公租房资产，拓宽城投企业融资渠道。安信证券作为全国第 6 家注册资本超百亿元的券商，其 IPO 业务一直位居行业第一梯队。2022 年，安信证券投行部门帮助 16 家企业完成 IPO 融资 147.02 亿元，过会数排名市场第 8；新三板方面，作为首批布局新三板业务的券商之一，安信证券已累计帮助超 700 家企业新三板挂牌，市场排名前 3。安信证券的投行业务能力被市场广泛认可，2022 年其投行业务质量评价结果获得最高的 A 类评级。

截至 2022 年年末，全市共有区域总部及以上证券公司 50 家。2022 年，14 家证券公司帮助重庆企业通过 IPO、再融资等方式在资本市场实现融资 316.07 亿元；68 家企业通过债券市场融资 1599.19 亿元。

证券公司也是资本市场重要的机构投资者之一，针对企业的不同发展阶段，通过直接投资、纾困基金、产业基金等金融工具为企业提供多样化的融资支持服务，充分发挥证券公司作为资本市场重要组织者和风险管理防控的"稳定器"优势，更好满足企业高质量发展的资金需求。以西南证券为例，其子公司西证股权作为私募股权基金业务平台，重点关注半导体、生物医药、新能源汽车等战略性新兴产业。截至 2022 年 12 月 31 日，管理基金规模约 15 亿元。2022 年，西证股权分别对誉颜制药、万国半导体科技、阿维塔科技等重庆企业进行股权投资 1.4 亿元；子公司西证创新积极服务国家战略和实体经济，关注"双碳"、新一代信息技术、医疗卫生、先进制造业等重点领域。2022 年，西证创新完成投资项目 17 个，投资金额 8.7 亿元，新增被投上市企业数量 6 家，其中 5 家为科创板企业。

2. 会计师事务所

会计师事务所是资本市场重要的"看门人"，其守法意识、执业能力及勤勉尽责程度事关广大投资者切身利益。随着注册会计师行业规模不断扩大，行业发展总体向好，通过提高财务信息披露质量维护资本市场的经济秩序。同时，注册会计师通过对企业的财务信息进行审查并提出整改意见，强化企业的内部控制，提高企业的经营质量及加强企业的风险管理，有利于推动资本市场的建设和发展。此外，通过为企业提供战略规划、管理咨询、投资决策等专业服务，提高企业发展质量和效益。

以重庆最早获得证券期货执业资格、拥有证券期货类客户数量最多的天健会计师事务所（特殊普通合伙）重庆分所（以下简称"天健重庆分所"）为例，2022年，天健重庆分所作为27家A股上市公司的年报审计机构，其中重庆企业21家，占当年重庆市A股上市公司的30.4%；辅导7家企业IPO通过审核，其中重庆企业5家（美利信、溯联股份、威马农机、国际复材、康普化学）。在助力康普化学北交所IPO申报审计项目中，天健重庆分所团队自2021年11月开展申报工作以来一直驻守企业，与券商、律师、公司高管等就企业上市中的重点、疑难问题进行了反复讨论、论证，先后抽调多名专业人士组成项目团队奔赴北京、上海、广东等10省市实地走访其客户供应商，视频访谈南美洲、北美洲以及非洲等境外客户，高质量完成了企业的财务咨询、内部控制及审计服务，助力公司成功登陆资本市场。从首次申报到成功挂牌上市，用时仅175天。在服务国际复材IPO申报过程中，由于企业主体结构复杂，业务类型多样，产业布局重庆、珠海、常州以及海外的巴西、美国、摩洛哥等地，天健重庆分所抽调40余名骨干力量组成团队提供专业服务。在上市审核过程中，项目组赴国内外公司进行现场盘点、查阅项目资料，与企业的海内外分支机构、客户、供应商及海外会计服务机构保持良好的沟通与交流。2022年9月21日，国际复材的IPO申请经深交所创业板上市委审议通过，成为2022年重庆新增的第3家创业板过会企业。

内部审计、财务战略规划是企业财务管理的重要内容，也是会计师事务所服务企业的重要方向。其中，内部审计有助于强化单位内部管理控制，及时发现问题并纠正错误，防止出现管理漏洞，以保护单位资产安全与完整，同时也确保了会计资料的真实性、可靠性，对于改善企业内部经营管理、挖掘潜力、降低生产经营成本、提高经济效益等具有积极作用。作为中国建立较早和较有影响力的会计师事务所之一，立信会计师事务所（特殊普通合伙）境内上市公司客户占有率长期位居第一。数据显示，2022年，立信会计师事务所服务上市公司972家。立信会计师事务所重庆分所（以下简称"立信重庆分所"）属于重庆市行业龙头机构，致力于资本市场、金融等相关业务，为企业、银行、证券、保险、基金公司等各类企事业单位提供审计、财务咨询及相关业务。2022年，立信重庆分所推动瑜欣电子成功登陆深交所创业板，成为创业板注册制改革后重庆首家成功上市企业，为重庆近300家企业提供审计服务。

以立信重庆分所服务某中外合资商业管理公司核心业务流程内部审计项目为例，该公司为一家中外合资公司，项目为"一带一路"倡议及中新重庆示范项目中引入外方资本和行业先进管理经验的标杆项目。该审计项目是外方股东自投资后首次对该公司进行内部控制审计。外方股东委托立信重庆分所对该公司租赁业务、广告业务、停车场管理业务等核心业务，以及人力资源与薪酬管理、资金与印章管理、采购管理、外包管理等重要内部管理流程进行全方位审计。立信重庆分所根据委托方的要求，基于对外方股东内部控制制度和风险管理措施的深入了解，完成了对该合资公司的访谈、梳理和检查，梳理出该公司的关键业务流程、对应的风险以及风险管理措施，对检查出的问题进行原因分析，提出了有效的整改建议。同时，经过与该公司和外方股东的反复沟通和论证，制定了有效的整改实施方案，并全程监督辅导此次整改。本次内部审计达到了全面梳理、查漏补缺的目标，提升了公司管理能力，增进了中外双方在项目上的深化合作，促使本地合资项目对标世界一流企业，提升了本地项目在国际资本市场上的形象和吸引力。

财务战略规划是指企业根据外部环境和内部资源条件而制定的涉及企业财务活动管理的规划，是企业战略规划的重要组成部分，有利于提高企业财务管理活动的效率和质量。以立信重庆分所服务某上市物业企业战略投资、积极拓展非物业管理业务板块的项目为例，该企业是全国排名前十的上市物业管理综合企业，为应对房地产行业下行带来的经营和持续发展风险，近年来该企业积极拓展物业相关行业的业务发展机会，参与国内某知名大型连锁团餐企业的投资项目。立信重庆分所作为该上市公司的主要投资咨询服务机构，从前期接洽到尽职调查、推动盈利预测复核和持续跟踪尽调等，全程向其提供专业支持并配合推动项目完成。

年报审计也是会计师事务所对上市公司进行财务信息把关的重要内容，是维护社会公众，特别是广大中小投资者权益的重要途径，是切实履行会计师事务所"看门人"职责的具体体现。天职国际会计师事务所（特殊普通合伙）（以下简称"天职国际重庆分所"）是一家专注于审计鉴证、咨询服务、税务服务、并购融资服务、法务与清算、企业估值的特大型综合性咨询机构。作为中国首批取得证券、期货相关业务资格的机构，其协助各类企业在中国及国际金融市场上市开展各类资本市场活动，承担包括重庆水务、中国汽研等在内的 300 余家境内上市公司的年报审计工作，已成功为近 200 家企业的首次公开发行上市提供了优质的 IPO 综合财税服务。2022 年，天职国际重庆分所为贵州茅台、重药控股、神驰机电等上市公司提供年报审计服务，推动山外山成功登陆科创板，成为重庆首家科创板上市企业，为中铝高端等拟上市企业提供上市辅导服务。

天职国际重庆分所作为重药控股 2022 年年报的首次承接审计机构，保时保量完成了年报审计，按时出具审计报告，为重药控股的年报披露奠定了基础。无独有偶，天职国际重庆分所作为神驰机电 2022 年年报的首次承接审计机构，历时 5 个月对神驰机电内控、财务问题进行检查，在规定时间内出具内控报告和财务审计报告。

3. 律师事务所

资本市场是以规则为导向的法治市场，新《证券法》加大了律师在服务资本市场方面的责任，使其功能和作用从"闯关者"向"看门人"转变。同时，资本市场中的业务涉及大量法律事务，律师能够对参与资本市场的企业和实控人、董事、高管等起到良好的规范引领作用，帮助其规避法律风险，合法合规地进行决策和交易。

2022 年重庆新增的 18 家上市（过会）企业、12 家 IPO 申报企业、16 家辅导备案企业中，本地律所参与服务过半。如重庆某律师事务所在服务企业上市工作中，对上市主体企业、关联企业等进行核查尽调，对重要问题出具法律意见。包括前期准备工作、拟定尽职调查清单、编制查验计划表、收集资料、展开尽职调查、根据需要出具鉴证意见以及其他法律意见、编写并出具首次公开发行股票并在交易所上市的法律意见书，助力企业合规经营和发展，登陆资本市场。

（三）全面注册制下中介服务机构发展新机遇

注册制改革的本质是把选择权交给市场，强化市场约束和法治约束，提高融资的便利性。企业上市审核主体转移至交易所，坚持以信息披露为核心，审核主体及监管机构通过问询对信息披露质量把关，压实发行人信息披露第一责任、中介服务机构"看门人"责任，对各类违法违规行为"零容忍"。市场化机制下，从监管部门到中介服务机构，再到发行人，都面临一场刀刃向内的变革。中介服务机构将把关责任前移，有利于在"入口关"提高上市公司申报质量，减少、杜绝"带病闯关"的行为，"审慎核查"的调整则有利于厘清证券公司、会计师事务所、律师事务所等中介服务机构的责任边界，形成各司其职的机制。在全面注册制下，证券公司、会计师事务所、律师事务所等中介服务机构将迎来新的机遇与挑战。

作为推动企业上市的主要中介服务机构，券商或将成为全面注册制下获益最大的行业。分析认为，2019年科创板试点注册制以来，负债端融资成本明显改善，证券公司信用评级上移。在资管新规与注册制背景下，资管行业竞争格局重塑，证券公司由于链接产业与各类金融资源，在资管产业链细分领域的优势逐步彰显。在全面注册制下，企业IPO审核效率提高，审批时间缩短，企业上市积极性提高，券商IPO承销保荐业绩不断上升，券商行业资产规模、收入与业务结构有望迎来加速发展期，特别是投行业务将进一步扩大规模。同时，全面注册制下，常态化退市机制进一步健全，多元退出渠道进一步畅通，券商链接的优质企业资产将找到退出渠道，优质资产得以快速变现，为投行资本化业务增厚盈利空间。

而伴随机遇的扩大，券商面临的压力也进一步增加：全面注册制对券商投行业务核心能力考验较大，对尽调、核查及信息披露质量提出更高要求；同时，券商遴选项目的方向将由可批性转向可投性，对于可投性不强的项目，上市发行也将受到影响；此外，券商面临的监管压力进一步增强，项目执业要求与标准更高，监管部门现场检查增多且趋于常态化，不合规行为或风险出现后将面临更严重的处罚。

作为资本市场的重要"看门人"，注册会计师行业的发展关乎投资者利益和资本市场运行秩序。2023年6月，财政部、证监会印发《会计师事务所从事证券服务业务信息披露规定》，就会计师事务所披露证券服务业务相关信息，包括事务所基本信息、上一年度证券服务业务信息、事务所及执业人员上一年度处理处罚及民事赔偿信息等，作出制度化的监管安排，以提升会计师事务所透明度。按照新《证券法》规定，会计师事务所从事证券服务业务实行备案制，不再实行许可制度，越来越多的会计师事务所加入资本市场服务中。

但调查显示，新进入的会计师事务所不论是在经验方面，还是会计师事务所分所的数量、注册会计师人数方面，都与原来具有证券期货资格的会计师事务所存在较大差距。此外，近年来部分会计师事务所因违法违规行为被立案调查、行政处罚或承担巨额民事赔偿责任。上市和拟上市公司选聘审计机构，必须审慎考量、严格把关，甄别其业务收入、分支机构情况、执业人员、执业经验、处理处罚、质量管理体系等重要信息，对经营规模较小、事务所及其执业人员受过刑事或行政处罚的经营主体需谨慎考虑。

此外，2023 年 2 月发布的《国有企业、上市公司选聘会计师事务所管理办法》（以下简称《办法》）也体现了监管部门对会计师事务所和审计服务市场的监管日益细化。《办法》要求，国有企业、上市公司对应聘会计师事务所的评价要素不仅要包括审计费用报价，至少还要包括会计师事务所的资质条件、执业记录、质量管理水平、工作方案、人力及其他资源配备、信息安全管理、风险承担能力水平等。其中，质量管理水平的分值权重应不低于 40%，审计费用报价的分值权重应不高于 15%。在服务时长上，相比 2003 年证监会《关于证券期货审计业务签字注册会计师定期轮换的规定》，本次发布的《办法》取消了可由 1 名签字会计师延期提供审计服务的要求；明确签字会计师轮换后的冷却期由 2 年延长至 5 年；明确新增子公司分拆上市前后审计服务期限合并计算；明确审计项目合伙人、签字注册会计师在公司上市前后审计服务年限合并计算；明确新增国有企业聘任会计师事务所轮换期限不超过 8 年，确有需要的可按规定延长至不超过 10 年；明确国有企业、上市公司更换会计师事务所的选聘时间期限，应当在被审计年度第四季度结束前完成选聘工作。《办法》也提示目前尚未完成 2023 年度会计师事务所改聘工作的国有企业、上市公司，审议相关改聘事务所事项的股东大会，需要在 2023 年 12 月 31 日前召开。

注册制以信息披露为核心，而财务信息的质量是信息披露的基石。持续提升注册会计师的审计质量是保证财务信息质量的重要手段。新《证券法》实施以及全面注册制改革启动，令会计师事务所的违法违规成本大幅提升。同时，现场督导等手段扩展至所有类型的中介服务机构，体现了监管手段的转变，客观上具有更强的针对性和威慑力。近期披露的会计师事务所合伙人被追加承担巨额罚款的无限连带责任等案例，提示会计师事务所只有规范发展，提高审计服务质量和水平，才能更好地服务经济社会发展，从而实现行业的行稳致远。

在律师事务所方面，全面注册制下的充分披露原则等会给律师事务所带来更多的业务机遇。同时，以投资者需求为导向的信息披露原则对律师的专业能力、风险控制以及思维模式提出更高的要求。注册制下，诉讼律师将会加入证券律师行业，诉讼律师与非诉律师合作的证券案件将会增多。

　　毋庸置疑，在企业上市、上市公司和投资者之间，中介服务机构发挥着关键的作用。作为资本市场"看门人"，其履职尽责状况备受市场关注。中介服务机构"归位尽责"是提高资本市场信披质量的重要环节，是防范证券欺诈造假行为、保护投资者合法权益的重要基础。尤其是全面注册制改革把选择权交给市场，问责关口前移，中介服务机构更应增强合规意识，审慎执业，切实把好资本市场"入口关"。监管部门应强化日常监管、监督检查和稽查执法的有效联动，严肃追究中介服务机构及从业人员违法责任，督促其发挥好资本市场"看门人"作用。未来，随着监管趋严，中介服务行业分化将加剧，专业水准强、风控能力强、合规意识强的机构将迎来长足发展，急功近利、粗放化经营、专业能力不强、法律意识不强的机构将被逐渐淘汰。

05

第五章
对策建议 →

推动企业上市和上市公司高质量发展是一项系统工程，需要协调各方力量，凝聚多方智慧，久久为功。本章根据前述总结分析情况，提出推动企业上市及上市公司高质量发展的十条（"5+5"）对策建议，供有关方面参阅。

推动重庆企业上市及上市公司高质量发展十条对策建议

党的二十大报告指出，要健全资本市场功能，提高直接融资比重。中央经济工作会议强调，要着力发展实体经济，依靠创新培育壮大发展新动能。推动企业上市、上市公司高质量发展是提高直接融资比重、助力实体经济发展的重要途径。重庆高度重视推动企业上市和上市公司高质量发展，重庆市委书记袁家军强调，推动上市企业扩量提质，实施企业上市"千里马"行动，推动上市企业高质量发展。近年来，重庆把大力培育资本市场和推进企业上市作为经济高质量发展的重要抓手，不断完善工作机制、强化上市资源培育和财税奖补政策，多层次资本市场发展再上新台阶。为进一步推动重庆企业上市和上市公司高质量发展，本文提出十条针对性的建议，供有关方面参阅。

（一）关于推动重庆企业上市

近年来，重庆推动企业上市工作取得长足进步，上市公司"重庆版图"不断扩大。但是对比先进地区、综合重庆自身发展需要，还存在一些亟须解决的问题。一是结构有待优化。重庆境内上市公司以主板为主，创业板、科创板、北交所的上市公司占比较少，创新型中小企业上市数量较少，境内上市民营企业占比专精特新上市公司占比均低于全国平均水平。二是产业匹配度有待提高。从上市公司所属行业看，电子制造、新型显示、新能源及新型储能、卫星互联网等特色产业及未来产业领域较少，与重庆打造"33618"现代制造业集群体系不相匹配。三是区县合力有待加强。区县层面的"选种—投资—育苗—纾困—服务"全流程培育机制未完全形成，部分区县企业上市事项处理较为分散，需协调多个部门，且办结周期相对较长。四是激励考核机制有待完善。对上市公司、促进企业上市专业服务机构以及企业上市工作较好区县的激励政策还有待加强。五是上市氛围有待提升。部分处于发展阶段的企业家依然存在"小富即安""上市麻烦""畏惧上市"等心态，处于观望、等待的状态。

对策建议一：聚焦民营企业 100 强、专精特新企业

2022 年重庆民营企业 100 强中，上市公司不足两成。可依托重庆打造国家重要先进制造业中心、全国一体化算力网络成渝国家枢纽节点等利好及基础，支持相关民营企业 100 强"组团式""批量式"股改。同时，依托重庆建设具有全国影响力的科技创新中心，推动专精特新企业上市。一是用好重庆股权转让中心挂牌展示、托管交易、投融资等服务优势，推动各板块挂牌展示主体匹配新三板、北交所、创业板、科创板的挂牌或上市要求。二是根据民营企业及专精特新企业挂牌上市意愿、财务数据、创新能力、发展前景等现状，将具有一定发展规模的民营企业、已经认定的国家专精特新"小巨人"、市级专精特新中小企业，按企业所属行业、发展阶段等标准，划入"潜在""重点""优先支持"三类拟上市企业培育库，联合境内三大交易所、重庆 OTC 及中介机构，判断企业在远、中、近期挂牌上市的成熟度以及市场定位和要求等，对"优先支持"类拟上市企业，提供"一企一策"专项上市服务包，服务内容主要涉及财税、投融资、改制上市培训、实际控制人培训、财务总监及董秘培训等，建立起系统化的上市培育体系。三是强化资本对接。一方面，可根据专精特新企业的行业分布、发展阶段、融资需求等属性，依托重庆产业投资母基金、重庆产业引导基金等现有基金资源，遴选有较大资金规模，成立年限较久，信用评级较高，有"33618"先进制造业、"投早投小"投资案例，且投资项目已实现 IPO 的优质股权投资机构，充分满足"优先支持"类拟上市企业的股权融资需求。另一方面，强化项目对接。组织政府产业引导基金、股权投资机构、商业银行等投资主体进行股权融资、非公开发行可转债等融资服务对接，如支持银行机构在风险可控的前提下与外部投资机构深化合作，探索"贷款 + 外部直投"等服务模式；用好市级和区县层面的风险补偿基金、产业发展基金等财政金融资源，在产业链中选择具备较大发展潜力的初创企业进行投资培育。

对策建议二：聚焦产业链优势和特色行业企业

与中心城区相比，远郊区县经济发展水平相对较弱，但各区县均有优势或特色产业。可改变以往以企业为中心的上市辅导培育方式，结合地域优势和特征，以产业链为基础，向下扎根，围绕"一区（县）一产、一镇一产、一地多产、多地一产"推动形成具有区县特色的产业链。如渝西八区，可结合自身特色优势产业及"渝西跨越计划"的发展规划，用好市级及区县层面的产业引导基金、风险补偿基金等财政金融资源，在产业链中选择具

备较大发展潜力的初创企业进行投资培育，在推动产业链发展的同时，从"选种"环节开始，助力企业发展、壮大、上市。同时，各区县还可结合成渝地区双城经济圈建设、西部陆海新通道建设、中新（重庆）示范项目等战略优势，推动相关领域发展较好的企业上市。

此外，重庆具有作为内陆开放高地的地域和政策优势，可加强与中国香港、新加坡及"一带一路"沿线重要国际资本市场的合作，推动更多符合条件的企业在境外上市。如通过采取 A+H 股、支持符合条件的上市公司分拆子公司等形式，实现企业筹集资金、改制转型，鼓励外向型或新业态、新商业模式企业到境外资本市场上市、发债，推动重庆与境外资本市场互联互通。

对策建议三：推动形成更具合力的服务机制

一是优化促进企业上市的服务机制。目前，重庆市为了推动企业上市已推出专班制和联席会议机制，设立了科创板上市专项工作组。建议整合原有的服务机制，并在科创板上市专项工作组的基础上，成立市区两级联动的资本市场高质量发展领导小组，将各行业主管部门及公检法司等部门纳入成员单位，各区县政府应调整完善相应机制。二是设立企业上市、再融资服务中心。该中心可设在地方金融监管部门，区县需完善相关配套并在政务服务中心开设企业上市、再融资服务窗口，指定负责资本市场工作的内设机构承担相应工作，常态化跟踪上市公司和重点后备企业发展动态，及时向市级领导小组报送需协调解决的重大事项。三是制定企业上市合规部门标准。由市资本市场高质量发展领导小组牵头，组织各行业主管部门、公检法司机关，联合重庆证监局、交易所及专业服务机构，制定地方企业上市合规行业标准，为后续高效推动企业上市奠定基础。四是建立上市挂牌"种子"培育机制。在"选种"上，可依托税务部门的税收数据情况，选取税收贡献大、符合区域产业发展方向的企业重点培育。在"育种"上，可依托市级产业引导基金，设立上市挂牌企业发展基金，重点支持和引导在成渝地区双城经济圈、西部陆海新通道建设等国家战略中有重大影响力和突出贡献的企业上市；以建设国家重要先进制造业中心、具有全国影响力的科技创新中心为依托，打造企业上市孵化基地，通过天使投资、风险投资、私募股权投资等结合间接融资方式，实现从"团队孵化"到"企业孵化"再到"上市带动产业链孵化"的一体化服务。五是优化企业上市培育及服务方式。可在重庆进行拟上市（含挂牌）企业获得合法合规证明"一件事"集成服务改革的背景下，依托"渝快办"政务服务平台，围绕上市后备企业培育企业上市服务等核心业务与交易所共同建设推动企业上市的数字化平台，集成法规、政策、并购产业链指引、上市服务办理、企业上市知识库及案例等，解决企业及专业服务机构多个部门跑路、事项办理效率不高的难题，以数字化提升企业上市的政务服务水平。

对策建议四：完善考核激励机制

将现有的企业上市工作考核体系优化为推进企业上市及上市公司运用资本市场情况考核体系，将考核结果纳入区县高质量发展评价指标体系。对年度目标任务完成较好的地区，予以通报激励及针对产业发展政策倾斜，如匹配市级产业引导基金及市级产业发展资源。对发展较好的上市公司给予表彰，同时给予产业链政策支持；对推动企业上市及上市公司高质量发展工作较为突出的专业服务机构评奖，除优先向拟上市企业推荐外，针对券商优先考虑将其纳入市政府债券承销团主承销商成员并给予分配倾斜，针对法律服务机构优先考虑匹配地方行政职能部门法律服务业务资源，针对审计服务机构优先考虑匹配财政部门第三方审计业务资源，提升专业服务机构对重庆的资源支持力度。引导区县积极参与上市公司高质量发展示范区建设，对于成效突出的地区，及时推广典型经验。

对策建议五：营造更浓厚的上市氛围

一是依托成立的"江北嘴企业上市服务联盟"，帮助"优先支持"拟上市企业做好与专业服务机构的衔接，指导企业合理规划资本市场路径、拟定改制重组方案、完善企业法人治理结构，有序开展股份制改造，夯实企业挂牌上市基础；帮助"重点"拟上市企业科学规划目标板块，明确挂牌上市程序和重点事项；帮助"潜在"拟上市企业做好规范运营工作，帮助企业正确认识资本市场，找准定位。二是强化资本市场研究、配套中介服务与文化培育等平台建设，支持市内外金融教育及研究机构积极开展资本市场领域的实效性研究，提高企业利用资本市场的能力。三是总结企业挂牌上市成功案例，推广优质挂牌上市企业利用资本市场实现高质量发展的好经验、好做法；探索上市企业、挂牌企业和培育企业"师带徒"结对合作新模式，共享挂牌上市企业生产经营、股改推进、券商辅导、募投项目运作等方面的经验。

（二）关于促进重庆上市公司高质量发展

当前，重庆上市公司积极利用资本市场，不断积蓄高质量发展的能量，总体持续向好发展。但由于受国际形势、宏观经济等多重因素影响，重庆上市公司高质量发展还存在一些短板。一是市值相对较低。截至 2022 年 12 月 31 日，重庆 70 家境内上市公司总市值 10029.63 亿元，同比下降 16.69%；其中，100 亿元及以下小市值企业 44 家，占比超六成。二是运营能力不足。2022 年，境内上市公司净利润总额、平均净利润同比分别下降 60.86%、64.71%，约六成企业的净利润、核心利润有不同程度的下降。人均创利低于 A 股平均水平，62.86% 的企业人均创利较上年减少。仅不足四成的企业核心利润获现率处于较高水平，核心利润率不足 10% 的企业占比过半。三是资本市场利用能力不强。除定向增发股票、发行可转债外，主要是通过发行超短期融资债券、一般公司债、一般中期票据、证券公司债等方式进行债券融资，碳中和债、科创债、乡村振兴债等创新债券产品发行较少。四是研发重视程度不高。从研发费用与营业收入的比重看，上市国有企业为 1.50%、上市民营企业为 2.42%、上市外资企业为 1.02%。五是偿债能力不足。从短期偿债能力看，流动比率不足 2 的企业占比 54.28%；速动比率不足 1 的企业占比 29.41%。从长期偿债能力看，68 家非银行境内上市公司中，资产负债率超过 70% 的企业 11 家，占 16.18%。近七成的企业产权比率大于 1，股东权益总额不能覆盖总负债。约 48.53% 的企业资产负债率有所增长，占比较上年加大。

对策建议六：强主业，打造具有核心竞争力的市值提升模式

主业突出、业绩优良是上市公司高质量发展的体现，也是赢得投资者青睐、赢得市场地位的关键所在。一是要聚主业。上市公司要扎根实体、苦练"内功"，聚焦主业、做精专业；同时，推动企业积极参与并购重组、再融资、场外市场、私募市场等，实现资源优化配置，提升企业实力，打造别具特色的精品。二是要"走出去"。上市公司要积极实施"走出去"战略，积极参与"一带一路"、成渝地区双城经济圈、西部陆海新通道、中新重庆战略性互联互通示范项目等重大战略，加快构建全球销售网络、推动优质产品占领全球市场。同时，用好国际国内两种资源，引进国际先进技术、品牌、人才和项目，实现产业链强链补链；要善于抓住全球产业结构调整、利好政策的新机遇，勇于开辟新领域、新赛道。

三是要聚人才。要利用上市公司的综合优势，汇聚高层次技术人才、高级管理人才和资本运作专业人才，带动技术输出、管理输出、资本输出及创新输出，引领产业发展，实现技术水平提升、现代管理水平提升、资本运作水平提升，提高产业发展质量和推动创新效能跨上新台阶。利用综合人才优势，推进标准化战略，引领企业参照国际先进标准建立企业标准体系；把握重庆打造"33618"现代制造业集群体系的机遇，引领企业探索建立区域产业标准，提高产业整体技术水平，塑造行业区域品牌，扩大产业的知名度和影响力。

对策建议七：重引流，积极发挥资本市场融资功能

积极发挥资本市场融资功能，引导上市公司兼顾发展需要和市场行情合理安排融资活动。支持上市公司通过配股、向不特定对象公开募集股份和发行可转债等方式募集资金，优化资产负债结构，支持主业发展。鼓励符合条件的企业发行优先股、全球存托凭证（GDR）等创新型资本市场工具，丰富融资手段。推动国资国企改革，发挥证券市场价格、估值、资产评估结果在国有资产交易定价中的作用，依托资本市场开展混合所有制改革。

对策建议八：谋创新，促进上市公司做优做特

创新是引领发展的第一动力。上市公司作为要素集成中心、成果转化中心，要主动站位国家发展战略需要，用好资本市场这个"助推器""催化剂"，构建以市场为导向、产学研相结合的创新体系，谋划一批具有产业发展基础性、引领性的重大科创项目，提升上市公司创新的针对性、有效性，为重点、关键领域的技术突破做出贡献，推动"科技—产业—金融"良性循环。特别是国有上市企业要发挥"顶梁柱"作用，稳步加大科技研发投入，加快原创技术的产出与转化，努力在关键核心技术、"卡脖子"环节取得突破；带头落实市委、市政府打造现代制造业集群体系和龙头企业保链稳链强链的要求，促进上中下游、大中小企业融通创新、协同发展。用好国有资本的资源优势，以获取关键技术、核心资源、知名品牌等为重点，开展跨地区、跨行业、跨所有制的兼并重组，引进先进资源，提升创新能力。

对策建议九：强管理，提高上市公司财务管理能力

一是提高资金的使用效率。优化现有资产的利用方式，不盲目扩张，降低生产成本，提高劳动生产效率，提升企业盈利能力；围绕成渝地区双城经济圈、西部陆海新通道等国

家重大战略，及数字社会、科技创新、绿色发展等国家重点支持的领域，联合专业服务机构，积极寻找优质投资项目，提高投资回报率，增加现金流和收益。二是优化债务结构。除传统的贷款、发债等方式外，可采取融资租赁、永续债、资产证券化（ABS）、不动产投资信托基金（REITs）等创新性融资方式，分散企业还款压力。三是加强管理控制。建立健全的财务管理体系，加强对现金流的预测和预警，及时发现问题并采取措施；提升销售能力，增加企业现金流。

对策建议十：重回报，强化投资者保护做深做实

上市公司要持续提高信息披露质量，提升上市公司透明度。优化完善与投资者的沟通传导机制，以投资者需求为导向，健全信息披露制度，优化披露内容，真实、准确、完整、及时、公平披露信息，做到简明清晰、通俗易懂，力争"接地气"，避免"炒概念""蹭热点"。实控人、大股东要始终敬畏投资者、尊重投资者、保护投资者，要提升治理水平和核心竞争力，努力创造更大价值，让投资者真正分享到企业发展壮大带来的红利。要积极履行社会责任，努力回馈社会、树立良好的企业形象，做有回报、有担当、受尊敬的上市公司。

附录
有关参阅资料 →

附录部分收录整理了国家层面、部委层面、市级层面、市级部门层面关于资本市场的政策文件的有关内容；还收录整理了"2022年重庆境内上市公司发展情况一览表""2022年全国IPO中介机构TOP20服务情况一览表"，为党政部门、有关单位、研究机构、相关人士提供决策与工作参考。

资本市场相关政策文件

（一）国务院

1.2023 年 7 月 19 日，中共中央、国务院发布《关于促进民营经济发展壮大的意见》

有关内容：《意见》强调，支持符合条件的民营中小微企业在债券市场融资，鼓励符合条件的民营企业发行科技创新公司债券，推动民营企业债券融资专项支持计划扩大覆盖面、提升增信力度。支持符合条件的民营企业上市融资和再融资。

2.2022 年 5 月 24 日，国务院发布《关于印发扎实稳住经济一揽子政策措施的通知》（国发〔2022〕12 号）

有关内容：该政策在货币金融政策方面明确提高资本市场融资效率。强调支持企业境内外上市、再融资；支持建立"三农"、小微企业、绿色、双创金融债券绿色通道，为重点领域企业提供融资支持；督促指导银行间债券市场和交易所债券市场各基础设施全面梳理收费项目，对民营企业债券融资交易费用能免尽免。

3.2020 年 10 月 5 日，国务院发布《关于进一步提高上市公司质量的意见》（国发〔2020〕14 号）

有关内容：《意见》提出了 6 个方面 17 项重点举措，使上市公司运作规范性明显提升，信息披露质量不断改善，突出问题得到有效解决，可持续发展能力和整体质量显著提高。提高上市公司治理水平是提高上市公司质量的基础，《意见》强调了公司治理和信息披露这两个核心点。公司治理方面，开展公司治理专项行动，通过公司自查、现场检查、督促整改，切实提高公司治理水平；信息披露方面，以投资者需求为导向，完善分行业信息披露标准，优化披露内容，增强信息披露针对性和有效性。

4.2023 年 4 月 14 日，国务院办公厅发布《关于上市公司独立董事制度改革的意见》（国办发〔2023〕9 号）

有关内容：《意见》从明确职责定位、优化履职方式、强化任职管理、改善选任制度、加强履职保障等 8 方面提出改革主要任务，加快形成更加科学的上市公司独立董事制度体系。《意见》要求，鼓励上市公司优化董事会组成结构，上市公司董事会中独立董事应当占 1/3 以上，国有控股上市公司董事会中外部董事（含独立董事）应当占多数。上市公司应当从组织、人员、资源、信息、经费等方面为独立董事履职提供必要条件，确保独立董事依法充分履职。

（二）国务院组成部门及直属机构

1.2023 年 7 月 22 日，工业和信息化部、人民银行、国家金融监督管理总局、证监会、财政部联合发布《关于开展"一链一策一批"中小微企业融资促进行动的通知》（工信部联企业函〔2023〕196 号）

有关内容：《行动》明确，优化上市培育策略，助力对接资本市场。各地工业和信息化主管部门结合优质中小企业梯度培育工作，摸排链上中小微企业上市意愿、经营情况等，建立上市企业后备库，实现批量纳入、分层管理、动态调整、精准服务。联合证券交易所、全国股转公司等专业机构，对入库企业进行批量"诊断"，研判企业上市、挂牌成熟度，协助企业找准板块定位，实施"靶向"改进。推进区域性股权市场高质量建设"专精特新"专板，鼓励基于区域性股权市场打造属地化直接融资服务基地，着力提升专板服务能力。积极推动一批链上中小微企业入板培育，帮助企业正确认识资本市场，尽早规范财务运作、完善公司治理。推动证券公司、会计师事务所、律师事务所等中介服务机构参与上市培育工作，根据企业发展阶段提供差异化服务，协助中小微企业更好对接多层次资本市场。

2.2023 年 4 月 18 日，证监会、国家发展和改革委员会发布《关于企业债券发行审核职责划转过渡期工作安排的公告》（证监会公告〔2023〕45 号）

有关内容：一是设置自该公告发布之日起 6 个月时间为过渡期。明确过渡期内企业债券受理审核、发行承销、登记托管等安排保持不变。二是确定过渡期内，中央结算公司、交易商协会已受理未注册的企业债券申请，报中国证监会履行发行注册程序。三是明确压实企业债券发行人和相关机构责任，要求企业债券发行人及其他信息披露义务人应当及时依法履行信息披露义务，真实、准确、完整披露相关信息；企业债券发行人应当加强募集资金管理，认真落实偿债保障措施。企业债券承销机构、信用评级机构、会计师事务所、律师事务所、资产评估机构、债权代理人等中介机构应当按照相关规定和约定认真履行义务，勤勉尽责，严格落实执业规范和监管要求。

3.2023 年 2 月 17 日，证监会发布《首次公开发行股票注册管理办法》（证监会令〔第 205 号〕）

有关内容：《办法》明确主板、科创板、创业板的板块定位。明确交易所发行上市全面实行注册制，由交易所负责发行上市审核并报中国证监会注册。明确发行人和保荐人、证券服务机构的主体责任，发行人披露信息必须真实、准确、完整，充分揭示当前及未来可预见的、对发行人构成重大不利影响的直接和间接风险；保荐人需对申请文件进行审慎核查并对真实性、准确性、完整性负责；证券服务机构对与其专业职责有关的内容负责。取消了现行主板发行条件中关于不存在未弥补亏损、无形资产占比限制等方面的要求。在信息披露方面，要求针对不同板块的企业特点，规定企业应当按照拟上市板块要求进行专门披露。

4.2023 年 2 月 17 日，证监会发布《境内企业境外发行证券和上市管理试行办法》（证监会公告〔2023〕43 号）

有关内容：《试行办法》统一将境内企业直接和间接境外发行上市活动纳入管理，明确境外发行上市的境内企业依法规范公司治理和财务、会计行为。建立负面清单等制度，完善不得境外发行上市的情形，把应由投资者自主判断的事项交给市场，不对境外上市额外设置门槛和条件，差异化设置备案要求，完善境外分次发行等境外常见融资行为的备案程序，避免影响企业融资效率。明确备案主体、备案时点、备案程序等要求。放宽发行对象、币种限制。

5.2022 年 11 月 23 日，证监会发布《推动提高上市公司质量三年行动方案（2022—2025）》

有关内容：《行动方案》在优化制度规则体系、聚焦公司治理深层次问题、完善信息披露制度等八方面提出措施。在聚焦公司治理深层次问题方面，核心措施包括：健全上市公司独立董事规则，引导独立董事归位尽责、权责匹配、有效履职；提升持续信息披露的有效性，减少冗余信息，强化关键信息；推动完善公司治理内部机制，强化控股股东、实际控制人的诚信义务，完善法律规则，加强责任追究；引导各类主体有效参与公司治理，促进机构投资者积极参与上市公司重大事项决策。

6.2022 年 5 月 27 日，国务院国资委发布《提高央企控股上市公司质量工作方案》

有关内容：《工作方案》聚焦影响央企控股上市公司高质量发展的短板弱项进行分类施策。提出"内强质地、外塑形象，争做资本市场主业突出、优强发展、治理完善、诚信经营的表率，让投资者走得近、听得懂、看得清、有信心"的总体目标，以及"打造一批核心竞争力强、市场影响力大的旗舰型龙头上市公司"和"培育一批专业优势明显、质量品牌突出的专业化领航上市公司"的目标，明确提出要引导上市公司借助市场化力量服务企业发展和优化资源配置，实现产业经营与资本运营融合发展。还在披露 ESG 专项报告、科技投入强度、董事会运作等方面明确了多项限期完成的硬指标。

7.2022 年 4 月 11 日，证监会、国务院国资委、全国工商联联合发布《关于进一步支持上市公司健康发展的通知》（证监发〔2022〕36 号）

有关内容：《通知》要求，营造良好发展环境，稳定企业预期。支持民营企业依法上市融资、并购重组，完善民营企业债券融资支持机制；鼓励和支持社保、养老金、信托、保险和理财机构将更多资金配置于权益类资产；支持符合条件的上市公司为稳定股价进行回购；支持上市公司结合本公司所处行业特点、发展阶段和盈利水平，增加现金分红在利润分配中的比重，与投资者分享发展红利。

8.2022 年 4 月 11 日，证监会发布《上市公司投资者关系管理工作指引》（证监会公告〔2022〕29 号）

有关内容：《工作指引》对 2005 年 7 月发布的《上市公司与投资者关系工作指引》进行了修订和完善。进一步增加和丰富投资者关系管理的内容及方式，新增网站、新媒体平台、投资者教育基地等新兴渠道；明确上市公司投资者关系管理的制度制定、部门设置等内容；对上市公司实际控制人、董监高等提出明确要求，强化上市公司"关键少数"的主体责任。

9.2021 年 9 月 30 日，证监会发布《首次公开发行股票并上市辅导监管规定》（证监会公告〔2021〕23 号）

有关内容：《监管规定》共 27 条，主要由辅导目的、辅导验收内容、辅导验收方式、辅导工作时点及时限、科技监管等方面内容组成。其中，规定辅导验收内容具体包括：辅导机构辅导计划和实施方案的执行情况；辅导机构督促辅导对象规范公司治理结构、会计基础工作、内部控制制度情况，指导辅导对象对存在问题进行规范的情况；辅导机构督促辅导对象及其相关人员掌握发行上市、规范运作等方面的法律法规和规则、知悉信息披露和履行承诺等方面的责任、义务以及法律后果情况；辅导机构引导辅导对象及其相关人员充分了解多层次资本市场各板块的特点和属性，掌握拟上市板块的定位和相关监管要求情况。

10.2018 年 11 月 9 日，证监会、财政部、国务院国资委联合发布《关于支持上市公司回购股份的意见》（证监会公告〔2018〕35 号）

有关内容：《意见》明确了回购股份的触发条件：一是上市公司回购股份实施股权激励或员工持股计划；二是上市公司股价低于其每股净资产，或者 20 个交易日内股价跌幅累计达到 30% 的，可以为维护公司价值及股东权益进行股份回购；三是上市公司的控股股东、实际控制人结合自身状况，积极增持上市公司股份，推动上市公司回购公司股份。

（三）重庆市政府及部门

1.2023 年 6 月 19 日，重庆市委、市政府发布《关于促进民营经济高质量发展的实施意见》

有关内容：《实施意见》指出，力争到 2027 年，民营上市企业达到 90 户。《实施意见》要求，落实上市、挂牌企业财政奖补政策，开展拟上市（含挂牌）企业获得合法合规证明"一件事"集成服务改革。依托重庆产业投资母基金，加大对民营制造业企业投资。鼓励民营企业通过产权交易、并购重组、不良资产收购处置等方式加强存量资产优化整合，将盘活的存量资产转化为发展增量。支持民间投资项目参与基础设施领域不动产投资信托基金（REITs）试点。

2.2021 年 2 月 19 日，重庆市政府发布《关于进一步提高上市公司质量的实施意见》（渝府发〔2021〕7 号）

有关内容：《实施意见》要求，打造优质上市公司集群。立足重庆资源禀赋和产业布局，储备、培育和引进优质企业，扩充上市后备资源；主动适应注册制改革要求，推动优质企业上市；结合产业发展特色，加快推进新一代信息技术、生物医药、高端装备等战略性新兴产业企业上市。鼓励上市公司围绕主业及产业链上下游实施并购重组；加大对并购重组的土地、金融和财政支持力度；加大对上市公司技术改造、研发新产品、新技术、新工艺等的财税支持力度。

3.2021 年 5 月 14 日，重庆市政府办公厅发布《关于印发支持科技创新若干财政金融政策的通知》（渝府办发〔2021〕47 号）

有关内容：《通知》要求，支持科技企业通过资本市场扩大直接融资。具体来看，支持科技企业在多层次资本市场挂牌上市，对在科创板成功上市的企业，最高给予 800 万元奖补；支持科技企业发行高成长债券、权益出资型票据、双创债等；支持股权投资机构加大对科技企业的投资力度，按实际投资到账金额的 1% 给予奖励。同时，设立 20 亿元重庆科技成果转化基金，运用市场化、专业化方式促进科技成果转移转化。

4.2022 年 12 月 9 日，重庆市财政局、重庆市金融监管局联合发布《重庆市上市、挂牌企业财政奖补办法》（渝财规〔2022〕10 号）

有关内容：《奖补办法》对企业挂牌上市最高给予 800 万元奖励；对企业资本市场再融资最高给予 100 万元奖励。企业挂牌上市方面，对在重庆股份转让中心挂牌并完成股份制改造的企业，给予 50 万元奖励；对在全国中小企业股份转让系统挂牌的企业，按照基础层、创新层分档给予最高 150 万元的奖励；对在境内外上市的企业，分阶段给予最高800 万元奖励。企业资本市场再融资方面，对在重庆股份转让中心挂牌的科技型企业和"专精特新"企业首次开展股权融资的，按融资净额的 1% 给予最高 50 万元奖励；对上市公司再融资或并购交易，按融资净额或实际交易额的 5‰给予最高 100 万元奖励。

5.2022 年 7 月 22 日，重庆市工商联发布《加快民营企业上市工作方案（2022—2025 年）》（渝联〔2022〕104 号）

有关内容：《工作方案》明确，将继续推进汽摩、医药、装备制造等优势行业和餐饮、文化旅游、农业等特色行业龙头企业上市，重点培育拥有关键核心技术、科技创新能力突出、市场认可度高的科技型企业上市，加快推动"专精特新"企业上市。将围绕加强上市宣传培训、深入发掘推荐企业、完善拟上市企业管理、加强拟上市企业培育、整合社会各类资源、帮助解决上市问题 6 个方面为民营企业上市服好务。

6.2022 年 7 月 20 日，重庆市金融监管局发布《关于印发重庆市拟上市企业后备库管理办法的通知》（渝金发〔2022〕2 号）

有关内容：《管理办法》明确企业入库标准：注册在重庆市境内，且登记注册满两年、最近一年扣非净利润不低于 300 万元或最近两年营业收入平均不低于 3000 万元。国家级"专精特新"企业、高新技术企业、已完成股改企业或符合券商立项标准的企业优先入库。

7.2022 年 6 月 1 日，重庆市上市办（重庆市金融监管局）发布《关于印发重庆市进一步推动企业上市工作实施方案（2022—2025 年）的通知》

有关内容：《实施方案》提出了 6 个方面、17 项推动企业上市工作的措施，助推企业挂牌上市发展。明确实施企业上市"育苗"行动。在入库企业中筛选 100 家企业作为拟上市重点企业，根据上市进度将企业分成 A 类、B 类、C 类分类推进；每年确定 10 家科创板拟上市企业、20 家创业板拟上市企业进行清单化管理，引导企业加大研发投入、专利申报，加快满足科创板、创业板上市条件；建立"专精特新"中小企业上市清单，每年确定 10 家企业"一对一"重点培育。

8.2021 年 9 月 24 日，《重庆市金融工作局 重庆市财政局 重庆市科技局 关于激励私募投资基金支持科技创新的通知》（渝金〔2021〕213 号）发布

有关内容：《通知》明确，在"十四五"期间，以股权投资方式投资重庆市的科技创新企业，或投资外地科技创新企业引入重庆市落户的私募投资基金管理人，按投资总额的

1%，最高给予 1000 万元的资金奖励。此外，还明确了申报条件、申报和拨付程序及申报资料等事项。

9.2021 年 7 月 5 日，原重庆银保监局、原人行重庆营管部、重庆证监局、重庆市金融监管局、国家外汇管理局重庆外汇管理部联合发布《重庆市金融支持制造业高质量发展若干措施》

有关内容：《若干措施》要求，强化制造业多元融资体系，支持企业发行债券、股权融资、兼并重组。债券方面，搭建企业发债融资项目储备和推荐机制，组织金融机构专项对接，扩大公司债、企业债、非金融企业债务融资工具在制造业企业中的覆盖面。鼓励符合条件的制造业企业发行碳中和债券、可持续发展挂钩债券、高成长债券、乡村振兴票据、项目收益票据、权益出资型票据等创新产品。股权融资方面，积极支持辖内符合条件的优质、成熟制造业企业上市融资。在法律、法规和政策允许的前提下，对上市融资企业储备库里创新能力强、成长性好的制造业企业重点扶持。兼并重组方面，允许符合条件的制造业企业通过发行优先股、可转换债券、并购债券等方式筹集兼并重组资金。

10.2021 年 6 月 30 日，重庆市金融监管局、重庆市市场监管局联合发布《关于加强企业股权集中登记托管工作的指导意见》（渝金〔2021〕145 号）

有关内容：《指导意见》明确，支持非上市股份公司、退市公司、全国中小企业股份转让系统摘牌公司、有限责任公司、有限合伙企业等通过重庆股份转让中心进行股权集中登记托管；支持小额贷款公司、融资担保公司、典当行、融资租赁公司、商业保理公司、地方资产管理公司、金融要素市场等机构在重庆股份转让中心办理登记托管，鼓励私募股权基金进行份额登记托管。

11.2021 年 5 月 26 日，重庆市经济信息委发布《关于印发工业企业上市培育工作方案的通知》（渝经信融资〔2021〕3 号）

有关内容：《工作方案》从建立种子企业库、优选上市苗子企业、重点培育标杆预备企业、分类引导企业挂牌和上市四方面，推进实施"千百十"工业企业上市五年育苗工程。力争到 2025 年年底，入库种子企业 1000 家左右，优选苗子企业 200 家左右，重点培育标杆预备企业 50 家左右；推动新增境内外上市工业企业 25 家以上。

12.2020 年 11 月 18 日，重庆市金融监管局、重庆市发展改革委、重庆市科技局、重庆市财政局、重庆市税务局、原人行重庆营管部联合发布《关于发展股权投资促进创新创业的实施意见》（渝金〔2020〕402 号）

有关内容：《实施意见》要求，加快培育市场主体。对符合要求的股权投资机构，按累计不超过实际投资到账金额的 1% 给予奖励。整合市内项目资源，建立涵盖全市企业的基础信息库平台，形成投融资项目库，为投资提供动态的投资标的库。同时，加大政府引导和扶持。适当降低政府出资投资基金返投比例要求，成立政策性产业基金，对政府引导基金子基金加大奖励力度。